# 跨國主義分析全球局勢

## 法國觀點 2014

# Analyse transnationaliste de la scène mondiale

## Regards français sur 2014

Edit by Prof. Josepha Laroche

約瑟珐・拉羅許教授　主編

CHAOS INTERNATIONAL

airiti press.

# 推薦序


## 蘇宏達

臺灣大學政治系莫內講座教授
臺灣歐洲聯盟中心主任


美國是全球超強、亞太霸權，大部分國際關係學者又畢業於美國學府，再加上英語優勢，遂令美國的國際關係思維大大地塑形了臺灣人的世界觀，不論是議題設定、研究途徑、辯論思維，還是政策建議，都深受美國學派的影響。

美國學派的思辯確實豐富了台灣的國際關係研究。然而，在全球化快速發展、區域主義風起雲湧、非西方勢力不斷擴張之際，僅從美國學派的視角探索世界已顯得不足，若能再參以其它學派的視角，勢能達兼聽則明、海納百川之效。

這也是何以法國巴黎第一大學 Laroche 教授主編的「跨國主義研究中心」系列極值得一讀的理由。在國際關係研究上，「法國學派」(French School)綜合了歐洲啟蒙時期以來人本的哲學傳統，十七世紀法國首相李希留創建的現實主義外交，十八世紀法國大革命所催生的理想主義，以及二次大戰後誕生的統合主義，特別著重歷史、哲學和法學的辯論，強調回歸人類基本價值的國關研究，廣納許多傳統國際關係研究中被視為次要或非主流的議題，並主張採取異於美國外交取向的政策作為。因此，大部分的法國國際關係學者都會從歷史、文化、法律和哲學切入，研究全球議題。只可惜，「法國學派」絕大部分的著作仍以法文發表，使得許許多多不諳法語的臺灣人無緣接觸。

Laroche 教授因此特別將該系列譯為包括中文在內的五個語文，企圖讓全球讀者能一窺「法國學派」的論述，提供各國讀者一個迥異於美國學派的新視角，用心至為良苦。

「跨國主義研究中心」系列實值得每一個關心國際問題的臺灣人細讀，打開我們觀察全球脈動的另一扇窗。

蘇宏達

民國一〇四年五月於臺大社科院

# 目　錄

# 作者簡介

**Robin Baraud**：巴黎第一大學(Université Paris 1 Panthéon-Sorbonne)國際關係碩士。

**Florent Bédécarrats**：巴黎第一大學政治學博士，法國發展援助署(AFD)研究員。

**Alexandre Bohas**：巴黎第一大學政治學博士，現於一法國企業集團擔任歐洲商務分析師。

**Weiting Chao**：巴黎第一大學政治學博士生。

**Adrien Cherqui**：巴黎第一大學國際關係碩士。

**Justin Chiu**：巴黎第一大學政治學博士生。

**Michaël Cousin**：巴黎第一大學國際關係碩士。

**Florian Hévelin**：巴黎第一大學發展政策與人道救援國際合作碩士。

**Philippe Hugon**：巴黎第十大學(Université Paris X Nanterre)經濟學教授。

**Elie Landrieu**：巴黎第一大學發展政策與人道救援國際合作碩士。

**Josepha Laroche**：巴黎第一大學政治學教授，跨國主義研究中心(Chaos International)負責人。

**Valérie Le Brenne**：巴黎第一大學政治學博士生。

**Thomas Lindemann**：凡爾賽大學(Université de Versailles-Saint-Quentin-en-Yvelines)政治學教授。

**Clément Paule**：巴黎第一大學政治學博士生。

**Yves Poirmeur**：凡爾賽大學副校長暨政治學教授。

**Jean-Jacques Roche**：巴黎第二大學(Université Paris 2 Panthéon-Assas)武器暨防衛高等研究中心(ISAD)主任、政治學教授。

# 譯者簡介

## 跨國主義研究中心中文部

**中文部負責人：**

**邱崇軒**：臺灣大學戲劇系畢業，巴黎第一大學國際關係、巴黎第八大學歐洲研究中心歐洲文化政策與文化管理雙碩士，現為巴黎第一大學政治學博士生。

**中文部成員：**

**李若珊**：高雄醫學大學公共衛生學士。曾就讀勃艮第大學公共衛生與環境碩士班，現攻讀法語教學文憑。

**孫建庚**：法國國家科研中心歐洲政治活動研究所(CRAPE-CNRS)新聞與傳媒學博士生，法國西部天主教大學、雷恩商學院教師。

**張瀞云**：臺灣大學外文、國際關係雙學士，巴黎第一大學國際關係碩士。現於巴黎一間外商旅遊公司擔任顧問。

**陳宗胤**：政治大學外文系學士，巴黎第一大學國際關係碩士，現為工業技術研究院產業經濟與趨勢研究中心副研究員。巴黎一間外商旅遊公司擔任顧問。

**趙偉婷**：臺灣大學政治學國際關係組碩士，現為巴黎第一大學政治學博士生。

# 前言

**Josepha Laroche**

邱崇軒譯

我們的研究分析方式與現實主義學派不同，因為他們專注研究國家行為者和外交戰略領域，而我們則是以跨國主義學派作為主要根基，這個學派賦予非國家行為者和非官方交流應有的重要地位。跨國主義與所有國家中心主義相去甚遠，但是它並未輕視國家作為行為者所能發揮的重大作用。事實上，跨國主義研究試圖展現各個異質的行為者，如跨國企業、非政府組織機構、社群網路和民族國家等之間複雜的互動關係。此外，在如今的全球化時代，這個學說試圖在宏觀與微觀層面上呈現經濟和政治之間錯綜複雜的關係。

本書集結了 20 篇由跨國主義研究中心(Chaos International, Centre d'Études et de Recherches Transnationalistes)* 的專家學者所發表的 2014 年度國際時事的分析與評論。在同一本著作中刊載這些主題看似不同的批判性分析實屬冒險舉措，如何將這些文章整合成為一個協調且一致性的整體，從而給讀者帶來啟迪呢？一開始，我們必須詳述指引我們團隊完成這項共同著作的方法。首先，須釐清我們並不是為了追求所謂的完全合理性，因為這個合理性不能保證其既具科學性又具可讀性。面對這一年紛亂混雜的國際時事，我們的評論分析試圖找出當前國際關係架構中的象徵性事件。出版《跨國主義分析全球局勢》一書，便顯得尤為重要；也就是說透過本書對那些不計其數且雜亂無章的片段進行篩選、歸類，以便及時關注與審視能反映當前世界局勢演變的重要片段。也就是說，本書彙集的評論分析呈現了發生於 2014 年的各個重要關鍵時刻。

每篇文章開頭均以簡要和富教育性的方式回顧所涉及主題的重要資訊，並還原其歷史背景，接著再揭示該主題的深刻含義。如此編排之下，本書為非專業但對國際事務

* http://chaos-international.org

感興趣的人士提供理論框架支持，從而幫助他們在面對失控的國際動盪局勢時不致於迷茫或不知所措。我們並不滿足於對事件的表面情況作出簡單的經驗描述——此一方式將阻礙我們進行更深入的思考，我們因此盡力提出可應用的參考依據和關鍵理論要點，以利於對該事件展開進一步分析。

2014 年，面對各類不同的跨國化運動和衝突，某些國家表現了它們對抗動盪力量的堅定實力。無論這些國家的規模和特徵如何，它們以最適宜的方式反制了由「無主權行為者」(sovereignty-free actors)領導的作為，使政權合法性不受影響。我們再一次見證了**主權國家的反制力量（第一章）**。其中最具表性的例子，很顯然地，即是美國運用它的霸權，懲罰一個在全球運作的大型私人銀行——法國巴黎銀行（Yves Poirmeur：法律與貨幣霸權的實踐）。除了法國巴黎銀行必須承受的巨額罰金，此一案例尤其讓我們了解美國是如何建立它的權威。因為全球化，美國的國內法律、規範成為國際舞台上各個參與者都必須遵守的準則。另一方面，就算是使用傳統形式的外交資源，俄羅斯同樣能夠維持國家權威（Thomas Lindemann：俄羅斯對烏克蘭危機處理的強硬化）。儘管歐盟和美國祭出制裁，俄羅斯仍然堅持它自身的國際議程和外交戰略目標。

至於牽涉窮國、富國對立的「南北問題」，在墨西哥舉行的有效發展合作全球夥伴關係會議，突顯了各國政府透過結盟，讓對外援助成為達成自身國家策略的工具（Florent Bédécarrats：受爭議的發展援助外交）。因此，儘管有非政府組織(ONG)以及聯合國等國際組織在背後支持，某些國家有效地回斥了公民社會的要求。

於是，幾個世紀以來，西發里亞和約主宰了外交體系，面對當前各類跨國運動，多數主權國家仍有能力與之對抗。於某些國家，在沒有特殊的地緣背景協助下，主權國家外交的穩定不墜更令人驚訝。這正是這一年我們在多個非洲國家所觀察到的現象。譬如，在布吉納法索，前總統龔保雷被推翻下台後，人民的訴求仍然被忽略（Philippe Hugon：新世襲主義的潰敗）。

然而，法國與美國等西方國家的外交算計則獲得比較好的成效。由於伊斯蘭極端組織的威脅日益加劇，這些國家必須改變它們的國際事務議程，並且徹底修正外交工作的優先順序。數十年來，西方國家縱容非洲領導人，以新世襲主義為名，讓他們永久保有權力的時代似乎已經過去了。

這個以主權國家外交為基礎的邏輯尤其可在法國軍隊所領導的 Sangaris、Serval 與 Barkhane 三項軍事任務中觀察到（Jean-Jacques Roche：結合干預性自由主義與現實主義的軍事行動）。這三項任務涉及撒赫勒——撒哈拉地區的主要國家：茅利塔尼亞、馬利、尼日、查德與布吉納法索。

儘管以上文章都強調了國家行為者如何成功地對抗跨國動盪，以自身資源捍衛主權。然而，接下來的分析卻提出相對的例子，並突顯了**象徵性資源的矛盾力量（第二章）**。事實上，第二章所提到的各個例子突顯了來自私領域機構的規範性權威，及其強制性。其中，金融信評機構是最具代表性的，它們可以象徵性的懲罰主權國家，甚至在國際舞台上讓國家信譽受損。因此，象徵性的懲罰很快地轉化成政治、經濟性的懲罰，造成該國的不穩定（Elie Landrieu：信用評等公司的規範性權威）。在一個完全不同的領域，國際足球總會(FIFA)同樣擁有能力介入一國的內部事務，甚至改革該國的政治權力的分配形式（Elie Landrieu：巴西世界盃足球賽）。

此外，我們該如何看待諾貝爾委員會在國際舞台上展現的野心？諾貝爾委員會透過授獎機制涉入國際事務，推動它獨特的非國家外交，對各國作出評斷、排名。事實上，世界各國因獲取諾貝爾獎的多寡分成不同階級，而各國卻必須屈服於追求這項象徵性的榮耀（Josepha Laroche：對人道主義精神的肯定）。相對地，諾貝爾獎所帶來的全球聲望也可以用來鼓勵一項政治性的訴求，尤其是它背後蘊藏的普世道德價值。

在對抗氣候變遷方面，許多名人發揮他們在國際上的影響力，推動這個訴求，尤其為了改變公共機構在這項領域的停滯、保守態度（趙偉婷：對抗氣候變遷活躍的個體行動）。至於在香港爆發的雨傘革命則讓我們了解到，就算在一個專制政權之下，國家已經無法全然掌控社會，包含它的人民。今日，國家必須面對跨國網絡所帶來的挑戰，尤其是在這個新媒介上傳遞的象徵性資源（邱崇軒：跨國公民權的興起）。

此外，全球化時代，大型跨國企業帶給世界各國更大的挑戰，**商業生態體系的權威（第三章）**因此成為重要的研究方面。實際上，無論是企業重組（邱崇軒：PC 產業的全球生產結構重組）、整合與併購，又或是壟斷市場的競爭策略（Robin Baraud：以智慧財產權作為商業利器），以及同領域企業間的競爭（Adrien Cherqui：蘋果與三星之間的競爭與合作），這些全球性的商業活動超過了國家行為者的管制範圍。有時候，國家甚至成為次要的行為者，在跨國企業大規模的品牌宣傳活動之下，國家似乎淪為一般的消費者，觀賞跨國企業提供的表演（邱崇軒：一場市場行銷的全球儀式）。最後，碰到網路駭客的攻擊，國家行為者保護本國企業的能力更是顯得脆弱不堪（Alexandre Bohas：Sony 面對後國際體系時代的攻擊）。

今日，市場經濟體制的全球化持續加深各個行為者之間的依賴關係，造成市場經濟成為眾人奉為圭臬的邏輯。當然，這個趨勢迫使國家和國際上任何行為者都必須關注市場經濟擴展的時程以及衍生利益。因此，**全球公共財的商品化（第四章）**把焦點放在幾項全球重要資源，無論是在公共衛生領域或是自然資源，遭受威脅甚至是摧毀的原因和過程。首先，聯合國負責處理海地霍亂疫情的專門機構並未盡到職責，僅把疫情當作技術問題討論，而沒有投入資源解決它（Clément Paule：因規避過失而喪失威信的國際組織）。同樣地，在這一年，全球對抗愛滋病的動員並未達到預期的目標（Michaël Cousin：公共衛生領域投資人的撤資）。至於在西非蔓延的伊波拉疫情，儘管在全球掀起恐慌，事實上在該地區投入的醫療資源並不足以對抗疫情，反而是各方不一致的利益訴求逐漸浮出協商檯面（Clément Paule：封閉隔離一個公共衛生危機）。最後，我們提出兩篇有關海洋生物資源的文章，尤其是最令人驚奇的哺乳類動物之一，鯨魚。以商業生產為導向的盜獵方式嚴重威脅這個物種（Florian Hévelin：海洋——受到威脅的公共財；Valérie Le Brenne：受市場威脅的生物多樣性）。海洋生物資源作為全球公共財之一，特定物種的生存情形其實準確反映了世界的狀況，以及全球化進程所帶來的衝擊。

# 第　一　章

# 主權國家的反制力量

# 受爭議的發展援助外交

## 有效發展合作全球夥伴關係會議

Florent Bédécarrats

趙偉婷譯

2014 年 7 月 7 日

2014 年 4 月 15 日及 16 日，「有效發展合作全球夥伴關係會議」在墨西哥舉行，此為經濟合作與發展組織(OECD)倡議的成果。會中聚集了來自全球 140 個國家約 1,500 位參與者：國家或政府領導者、行政官員、國會議員、國際組織代表、市民團體代表、發展援助基金會與專家。兩天會議的結果是好壞參半：部分人士預期此次會議將是一個挫敗，但結果並非如此，會議成功聚集了多元參與者，讓主辦單位獲得高度的正面評價。然而，會議最後的宣言卻缺少了實質內容，許多關鍵合作夥伴也尚未批准此宣言。

直到柏林圍牆倒塌，政府發展援助(Aide Publique au Développement, APD)每每突顯出各國巨大的歧見：大推動模式(big push)、替代進口商品、農村綜合發展、結構性調整。但發展援助政策仍受制於前殖民國的權力以及美、俄區域集團思維的影響，冷戰結束後，有鑒於數十年來政府干預政策的失敗以及新現實主義政策的惡習，引發各國對於國家間合作機制的強烈質疑。2000 年千禧年發展目標(Objectifs du Millénaire pour le Développement)的通過使人為之一振，相關領域者通過了一系列優先、具體並且可測量的目標項目，並且將在 2015 年時實現。

為了支持此行動並恢復信譽，政府發展援助的支持者在經濟合作與發展組織的領導下推動了大型談判，目標在釐清本身實行範圍，並進一步提高援助效率。2002 年第一次羅馬國際會議結束之後，相繼有兩項決定性進展：2005 年針對發展援助效率的「巴黎宣言」和 2011 年在韓國通過的「釜山承諾」。隨著千禧年計畫承諾日期逼近，目前相關成員以永續發展概念為基礎，試圖重組 2015 年後的相關議程。墨西哥會議是此跨國性過程中一個新的重要里程碑。

**一、發展援助外交。**無論是在人道主義下的重建工程亦或是發展層面，援助經常是由國家動員，作為其政治戰略服務的附屬工具。隨著兩極勢力的衰退以及殖民地效忠度減弱，政府發展援助的目標開始轉移到如增加市場開放、確保初級原料取得、尋求國際倡議援助，或者是傳播科技、金融、商業以及環境規範。目前，此領域中可觀察出許多新參與者的權力提升：發展中國家、私人資金會與企業、非政府組織、專家團體和智囊團。

**二、發展援助的效率。**以援助之名介入他國發展可能造成接受援助國家的不滿，促使了提供援助的行為者仔細審視其援助活動的產出效能。此反應在重視事前的評估工作，以更有效率地規劃經費。援助任務開始之後的系統性評估也因此建立，以便以一套共同的標準，如援助的適切性、有效性、效率、永續性及衝擊，衡量不同的援助方案與計畫。另一方面，國際機構也相繼成立以組織、協調實際的援助計畫。此外，為了監督實際執行援助計畫的組織單位，一些重要基本原則也被採納：確定援助經費使用在受益者上、援助措施的一致化、援助配合當地的優先需求、公私營合作夥伴關係，以及透明度。

有效合作全球夥伴關係治理引起了廣泛的討論，特別是針對指導委員會中公民社會的代表性。有效合作全球夥伴關係會議採取三方領導，目的在於取得先進國家、發展中國家與落後國家間的平衡。目前團隊由英國、奈及利亞以及印尼代表所組成，卻因為缺乏透明度而飽受批評。因此，要求修正這個組織架構與代表任期的聲音逐漸浮現。

下一階段的協商將由三位共同主席一起主持，他們分別代表墨西哥、荷蘭與一個尚待決定的非洲國家。對此，各方參與者已凝聚出一個共識，希望不要把焦點放在會議的舉辦和各個宣傳活動，而是專注在實質的討論上。然而，參與者複雜多元，要制定出一個明確的方向仍是一項挑戰。

此次會議也顯現在援助領域中權力關係的變化。其中，新興國家刻意表現出不確定的立場。墨西哥和奈及利亞儘管身為本次會議活躍的參與者，仍批評此次多邊協議。巴西和阿根廷更表達出懷疑的態度。中國和印度甚至沒有參與交流。

相反地，私人行為者在本次會議中卻顯得十分活躍。尤其是發展援助領域的各個基金會，穿梭在主會議以外的平行會議中，它們更首度通過一共同憲章以促進援助行動的效率。大型企業（特別是初級原料和工業部門）在本次會議場合的能見度也非常高。儘管在捐助者邀請下，有許多市民社會代表出席，但卻極少參與互動與評論。而為了爭辯誰才是領導發展援助最具正當性的國際組織，聯合國和經濟合作與發展組織之間的競爭仍十分激烈。不過，在夥伴關係倡議聯盟(Partnerships Initiative Coalitions, PICS)逐漸發展並發揮其影響力後，聯合國和經濟合作與發展組織的競爭似乎已成為過時的議題了。

會議談判的內容也有所改變。事實上，團體間討論起初專注在合作效率，目前核心關注議題已擴大到多方合作夥伴關係。此外，各方參與者都認為在全體大會上缺乏辯論，僅有的意見交流也過於制式化，成為中規中矩的官方發言，彷彿怕遷怒其他與會者。而官方議程中的重點議題也沒有太大的進展，不論是私部門的角色、多邊機構和環境問題。相反地，同時間舉辦的周邊活動卻獲得更多的迴響，並在某些主題有所突破，像是逃稅、打擊洗錢等問題。而在社會和環境責任規範的制定，以及公私營運商夥伴關係的建立上，法國尋求成為這方面的推動者。

至於援助資金來源的問題，在本次會議中並未得到解決。援助贈與國投入其國民生產所得(GNP) 0.7%的承諾甚至沒有被討論，然而，此議題卻在各個已開發國家發展論壇上成為各方辯論的重點。

# 參考資料

Bearce David H., Tirone Daniel C., « Foreign Aid Effectiveness and the Strategic Goals of Donor Governments », *The Journal of Politics*, 72 (3), 2010, pp. 837-851.

Wood Bernard et al., *The Evaluation of the Paris Declaration*, Copenhagen, Danish Institute for International Studies, 2011.

# 法律與貨幣霸權的實踐

## 美國司法對法國巴黎銀行的刑事制裁

**Yves Poirmeur**

趙偉婷譯

2014 年 10 月 20 日

2014 年 3 月 6 日，法國巴黎銀行(BNP Paribas)與美國法院達成一項最終協議，法國巴黎銀行認罪後同意支付 88 億 3,400 萬美元（約 65 億歐元）的罰款，因為使用美金作為計價單位與美國實施禁運制裁的國家進行交易。法國巴黎銀行同時也被禁止與石油和天然氣交易商執行任何以美金計價交易的結算(clearing)；此外，法國巴黎銀行也必須辭退包括瑞士分公司總經理在內的 13 位高層領導者，因為他們被指控涉及這些違法交易。同時，法國巴黎銀行也須建立一個新的部門，以便未來在紐約用美元進行交易時，審查交易是否遵守美國法律。

事實上，對法國巴黎銀行的指控是紐約檢調單位一系列偵查的尾聲，其指控法國巴黎銀行（以及其他歐洲金融機構），在 2002 到 2010 年間違反了美國單方面針對古巴、伊朗和蘇丹進行的禁運制裁。這三個國家被視為是美國的「敵人」或是「支持恐怖主義」（1961 年對外援助法、1996 年古巴自由和民主團結法案，又稱赫爾姆斯—伯頓法案、1996 年伊朗和利比亞制裁法，又稱為達馬托—甘迺迪法案）。法國巴黎銀行和美國法院的協議是至今外商銀行因違反美國法律交易案所支付的最高罰款。然而，這些交易案並沒有違反法國法律或是聯合國安理會為了維護和平所做出的制裁規範（聯合國憲章第七章）。

雖然根據主權原則與推衍出的不干預原則，國家在領土內有專屬管轄權，但同時國際法賦予國家有原則上的自由。事實上，常設國際法院(Cour permanente de Justice Internationale)在著名的蓮花案(Affaire du Lotus)裁定中（常設國際法院，1927 年 9 月 7 日法國訴土耳其案）表示，國家獨立性的限制無法推定。根據此前提，國家得以對全部或部分發生於其領土或國外的行為行使法律權力，當該行為涉及本國國民、損及國家核心利益，或是危害普世價值。

然而，如同一個國家沒有權利對他國管轄範圍施以強制，它也不能強制規定未經後者同意的行為規範（國際法院，1949 年 4 月 9 日，科孚海峽，英國訴阿爾巴尼亞案）。同時，國家規範的境外適用，面對難以對付的強大敵人，在隱蔽犯罪國家不配合情況下，通常無法運行。特別是在採取特殊行動時（禁運制裁、聯合抵制、凍結資產、領袖旅行禁令）是一國單方意圖迫使另一國或另一政體改變其政策的狀況。

絕大多數此行動成功必須依賴外國企業配合，以確保其措施滴水不漏。這種使企業遵守規定的意圖經常受阻，原因在於無法使違規者受到懲罰，國家行動也因此退縮至只能對國內違規行為進行制裁。在這方面，法國巴黎銀行承受的巨大罰款，顯示了美國強制力的提升和施壓模式的轉變。通過處罰外國銀行在境外違反其國內法，美國大幅提高了外國企業若違反其禁運措施所需付出的代價效。如此一來，美國提升了其外交政策中法律措施效力的強度。

**一、美國的結構性權力。**雖然經濟的去領土化(déterritorialisation)削弱了國家對於全球化市場的干預能力，但美國仍然保有足夠能力對各經濟行為者施壓，而後者卻不具有相抗衡的能力。利用跨國公司在其市場上的交易需求或在其領土內實行各種不同活動的必要性，美國設法將這些公司納入管轄範圍內，使用主權威脅該公司不得進入市場或是禁止公司運作，使得這些公司不敢冒險。

**二、跨國實行的司法威嚇**。歸功於經濟與金融霸權，並得力於美元為強勢貨幣，美國強制把跨國公司納入其法律規範之下。藉由本身優勢，美國擴大本身立法對於境外的影響範圍。不需在其他國家幫助下執行，只需企業配合採取其法律規範，美國即能運用此種跨越國界並具有實際強制力的監管權力。

藉由動員結構性權力的所有資源，美國擴大了外國企業必須受到其司法管轄之項目與範圍（在美國領土上運作、股票報價、根據美國法律運用數位化平台等），並將經濟支配力轉化為法律霸權。在法國巴黎銀行案例中，正是以這些交易都使用美元（普遍使用於國際交易）來運作訴訟。亦即，美國政府認為所有以美元交易之款項都必須遵守其法律。由於法國巴黎銀行有爭議的交易都以美元計價，並由紐約分公司抵付，美國法院自認擁有訴訟管轄權。但如果使用其他貨幣支付上述款項，美國法院將無法執行。

由於有吊銷營業執照、被禁止以美金支付的風險，另外，在受到刑事制裁之前，還需面對漫長且不確定結果的訴訟過程，種種考量使得法國巴黎銀行最終選擇與美國司法部門合作。因此，該銀行認罪並主動提供其他罪證。

與其頑強抵抗，法國巴黎銀行選擇運用美國司法體系可協商之特性，找出協議(deal)的解決方式，訂出處罰賠償的損益點，使程序得以終止。換句話說，法國巴黎銀行接受美國司法程序機制。因此，它必須：一、在美國司法當局指示下，自費針對內部所有子公司進行調查；二、針對需要支付的罰款進行談判；三、承諾將採取內部監控機制，確保未來業務皆符合美國法律制度；四、將此過程制度化。

此司法機制被證實能與全球化貿易制度接軌。它也被企業採納為政策的一環，亦即當公司在結構上追求利益最大化時，必須將法律風險導入成本 / 效益計算中運用。至於實效性則需要一套完整制度的設置，包含相關調查與談判之方法。調查方面由法院與國家檢察官所主導（特別是紐約地方檢察官），自然也會動用到美國聯邦調查局(FBI)。這些部門得到來自專業監管機構的協助，像是致力於經濟制裁計劃管理的「外國資產控制辦公室」(Office of Foreign Asset Control, OFAC)，以及負責監控股市的「證券交易委員會」(Securities and Exchange Commission, SEC)。

美國並未因為冷戰結束就停止使用法律作為一種武器，不論是以境外經濟制裁孤立特定國家（古巴、北韓）或是對抗恐怖主義（伊朗、敘利亞、利比亞、蘇丹）。然而，這種手段迫使跨國企業成為美國的外交打手，其他民主國家並非完全同意此做法（如法國面對古巴禁運制裁）。

由於此法律策略不僅涉及經濟刑法，更延伸到反貪污與打擊股市犯罪，將使得美國法律成為全球化制度的主要規範基準。同時，美國能享受刑事指控所帶來的額外罰款收入。在此狀況下，將構成一種法律支配權收益。此種收益遍及全球各地，且無庸置疑將協助美國霸權繼續壯大。

## 參考資料


Garapon Antoine, Servan-Schreiber Pierre (Éds.), *Deals de justice. Le marché américain de l'obéissance mondialisée,* Paris, PUF, 2013.

Strange Susan, *Le retrait de l'État. La dispersion du pouvoir dans l'économie mondiale,* Paris, Éd. Du Temps Présent, 2011.

Waltz Kenneth, *Theory of International Society,* Addison Wesley, Reading MA, 1979.

# 新世襲主義的潰敗

## 布吉納法索總統龔保雷被迫下台

Philippe Hugon

邱崇軒譯

2014 年 11 月 9 日

2014 年 10 月底，發生在布吉納法索的青年示威運動造成自 1987 年即位的「萬年總統」布萊斯・龔保雷(Blaise Compaoré)被迫下台。10 月 28 日，在首都瓦加杜古，將近 50 萬人走上街頭，抗議一項讓龔保雷能持續參選總統的修憲案。然而，為了延長總統任期而修改憲法的作法已在多哥(2002)、加彭(2003)、烏干達(2005)、查德(2009)、阿爾及利亞(2008)、喀麥隆(2008)、查德(2009)、安哥拉(2010)與吉布地(2010)等其他非洲國出現。在蒲隆地、剛果共和國、剛果民主共和國與盧安達等國，相關修憲案也正進行中。

1984 年，上伏塔(Haute Volta)更改國名為布吉納法索。在獨立之後，歷經幾次總統大選和政變，這個國家的政局終於逐漸穩定。前總統桑卡拉(Thomas Sankara)在 1987 年遭到暗殺，年輕軍官龔保雷取得政權。此後，他建立了一個半專制的政權，前後經歷兩次七年與兩次四年的總統任期。意思為「正人君子之國」的布吉納法索，在這段期間內，政治穩定，經濟發展良好。儘管有豐富的金礦（占出口 80%，並相當於是國家 20%的預算）並生產棉花，布吉納法索仍是全球最貧困的國家之一。但近年布國創下年平均 7%的經濟成長率，金融方面也持續穩定發展，通貨膨脹穩定，預算赤字與外債減少。

近年來，布吉納法索擴大國際合作夥伴，如加強與台灣的關係、尋求美國的支持，同時也和有歷史淵源的法國政府要求更長遠的合作關係。作為區域外交強權，布吉納法索最近成為法國軍隊對抗回教聖戰組織的軍事任務(Opération Barkhane)中的重要分子。直到現在，布吉納法索政府維護公民行動，在政治操作上既不涉及種族對立，更不搬弄宗教衝突。當然，龔保雷政權的基礎是一個擁有絕大多數的政黨，而且公共辯論是被允許的。

至於布吉納法索的軍隊，儘管在 2011 年曾發生叛變，目前仍然是效忠政府的國家軍隊。然而，除了由選舉產生具合法性的政治機構，另外還存在著以布吉納法索摩西族「國王」納巴(Mogho Naba)為首的傳統權力。然而，這個表面上的民主假象掩蓋了某些不可示人的醜聞。例如，在前總統桑卡拉的謀殺案中，龔布雷和賴比瑞亞總統查爾斯·泰勒(Charles Taylor)以及安哥拉的主要政黨 UNITA（爭取安哥拉徹底獨立全球聯盟）之間的複雜關係。另外，武器和鑽石交易的管制也是政府獲取暴利的途徑之一。在這裡要注意到的是，龔布雷在象牙海岸北部叛軍行動所扮演的角色，和卡達菲的秘密往來，以及記者宗格(Norbert Zongo)的離奇死亡事件。

為了在 2015 年 11 月的總統大選再一次連任總統，龔布雷試圖修改憲法，但反而讓他被迫下台。於是，10 月 30 日召開的國會討論有決定性的影響。對反對黨來說，必須挽救這場「憲政叛變」。在司法層面，如欲修改現行只能擔任兩任的總統職權，憲法第 37 條提到兩個可能性。其一為國會四分之三多數通過（96 席次同意），國會為此應該在 10 月 30 日表決；另外則是舉辦全民公投。龔布雷已經秘密安排好同意票。他領導的民主與進步政黨聯盟(CDP)

在127席中占了70席。此外，與他結盟的小黨有11席。因此，為了取得不足的15席，他和民主聯邦聯盟(ADF)與非洲民主集合黨(RDA)交換酬庸。也就是說，龔布雷已經取得必要的96席國會議員的同意。然而，社會動員和反對黨派推翻了這項計畫。示威者和維安部隊的暴力衝突至少造成一人死亡，以及更廣泛的人民動員。儘管國會表決遭到取消，也無法平息抗議動員。

**一、非洲青年的政治訴求。**今日，非洲的青年世代要求他們在政治、社會和經濟領域的參與權力。由於對未來前景與社會發展感到絕望，他們反對政治圈官商勾結和私相授受的種種惡習。在布吉納法索，青年族群推崇如前總統桑卡拉之類的英雄人物。藉由社群網絡交換訊息，年輕人批評非洲各國的「萬年總統」。事實上，在非洲各國的政治和經濟體制對立，是世代間的階級抗爭。

**二、新世襲主義(Néo-patrimonialisme)的跨國潰敗。**運用區域內其他政治盟友的資源，以及武器和鑽石交易所得，龔布雷得以在國內推行他的各項施政。儘管在國際上，其他盟國已經改變對布吉納法索的援助條件和規則。

阿拉伯之春尚未終了，非洲之春讓我們再次觀察到在這些國家內部的「跨世代衝突」。需要注意的是，60%的西非人民，是在龔布雷取得權力之後才出生。然而，這些年輕人愈來愈關心政治。他們反對由權貴階級壟斷的政治體系，並批評由年邁官員組成的政府和說謊的「國會騙子」(parlementeurs)。革命廣場上青年呼喊的口號「布萊斯滾蛋」(dégage Blaise)即代表了他們的訴求。然而，在這次差點成真的國家憲法叛變中，我們觀察到各主要勢力間的衝突和摩擦：示威者、政治領導階級以及軍隊。年青人反對龔布雷週遭的政治人物與軍人，拒絕這兩個勢力偷走屬於「他們」的革命。至於軍隊則是呈現分裂的情況：除了有由 600 至 800 名裝備精良且領高薪軍人組成的總統侍衛隊（其中包含目前的過渡政府領導人，Zida 上校）、高階軍官（軍隊統帥 Traoré 將軍、與龔布雷一起政變推翻桑卡拉的 Kouamé Lougué 將軍），以及基層軍人。

於是，軍隊的各個領導人都宣稱自己是國家的領導者，而必須對抗反對運動以維護秩序。至於反對勢力，則是分裂成 74 個政黨。民主與進步政黨聯盟(CDP)以及其他親近政黨囊括大約四分之三的國會席次。今年初，重要的領袖，如卡波瑞(Kaboré)、迪亞洛(Diallo)以及龔布雷離開民主與進步政黨聯盟，並創立了人民進步運動(MPP)。其他的反對黨則以桑卡拉與迪阿布瑞(Diabré)兩派為首。根據憲法，當總統去職時，應由國會議長代理其職務，但後者卻選擇和總統一起逃亡。

今日，布吉納法索內部和國際上的權力衝突關係已全然改變。非洲的國際組織，如非洲聯盟和西非國家經濟共同體，宣布如果在 15 日之內，他們不把權力將還給人民，將對軍隊祭出制裁。另外，對一個接受援助資金超過 10% 國民生產總值的國家，各個金主也能對布吉納法索施壓。美國總統歐巴馬呼籲讓年輕世代能儘快地取得重要職位，且無論現任的各個萬年領導人的成效、能力為何。同樣地，歐盟在 10 月 28 日宣布「支持現行的憲法規定，以及由非洲聯盟和西非共同經濟體提出的規則，以推動憲法的修改」。

國際上原本支持龔布雷新世襲體制政權，現在卻與過去作法背道而馳，從表面看來似乎令人驚訝。實際上，這個情勢的徹底改變，究因還是來自全球的新局勢。布吉納法索的地理位置，在戰略上變成極度重要，因為它的邊境和馬利共和國北部相接，而這裡正是美國和法國軍隊介入的區域。然而，面對日益發展的伊斯蘭組織部隊，從今以後，美國、法國和其他國家都必須重新決定他們外交、戰爭策略的優先順序。

# 參考資料

Hugon Philippe, *Géopolitique de l'Afrique*, 3e ed., Paris, SEDES 2013.

Jacquemot Pierre, « Les trois paradoxes du Burkina Faso », *Lettre de l'IRIS*, 2 novembre 2014.

Lejeal Frédéric, *Le Burkina Faso*, Paris, Karthala, 2002.

# 結合干預性自由主義與現實主義的軍事行動

## 法國武裝介入中非共和國的危機

**Jean-Jacques Roche**

陳宗胤譯

2014 年 12 月 10 日

距今一年前的 2013 年 12 月 5 日，法國在中非共和國採取了代號為 Sangaris 的軍事行動，這是 1960 年中非獨立以來，法國第七次出兵該國。法國軍隊抵達中非首都班基，是要壓制最近取得政權並與基督教民兵「反巴拉卡」衝突越演越烈的塞雷卡穆斯林叛亂軍。另外，這項任務也是為了國際武力介入做準備，也就是同一天成立的聯合國維和部隊 MISCA。

雖然盧安達大屠殺的陰影已逐漸遠去，然而 2,500 萬中非共和國人民的生活目前仍依賴人道救援。此外，約有數十萬人流離失所。同一時間，在中非的鄰國查德，另一隻法國軍隊同樣在部署一項稱為 Barkhane 的軍事行動，這項行動是在馬利的 Serval 行動的接續，目的要打擊伊斯蘭恐怖分子、走私者與分裂主義者；這些組織的聯盟威脅了整個薩赫勒區域的穩定。由於法非之間長期以來的傳統做法與在非洲大陸的警察角色，巴黎以不同的理由合理化了這兩波行動：第一次介入是依據保護責任(R2P)，而第二次則是實踐合作契約。

這些理由可以套用兩個不同——甚至相反——的國際關係理論流派。

**一、保護責任(Responsibility to Protect, R2P)**。這個概念出現在 2001 年介入與國家主權委員會(ICISS)的研究之後，承接了最早的干涉(ingérence)、國際義務以及之後的介入權(droit d'intervention)。事實上，從干涉到保護責任，相關語義的演進是隨著 1980 年代初期發生的四個現象逐漸成熟而來。一開始，在學術領域，現實主義論述（由 Kenneth Waltz 與 Richard Ullman 的研究出發）和北歐學派的「和平維持」(*peace keeping*)理論（由 Johan Galtung 提出，以社會和平為基礎）取得共識。

接著，聯合國的反省委員會(O. Palme, G. Brundtland, W. Brandt…)把社會安全這個概念重新定義為「全球安全」，這個措詞後來被1987年的裁軍與發展關係大會做為官方使用。第三個值得注意的是，當法國醫生團包圍人權秘書處，使得聯合國大會對於干涉權首次通過決議（43/131 與45/100）後，讓反對大規模保障人道權利的人權外交有所轉變。最後，中等強權的外交定位，如加拿大支持「免於恐懼的自由」(freedom from fear)(Gareth Evans, Lloyd Axworthy)、日本偏好「滿足需求的自由」(freedom from need)（緒方貞子），大幅度改變了全球趨勢。

象徵性事件如柏林圍牆倒塌，更反映出這四個被自由主義學者解釋為「後西發利亞世界」濫觴的國際趨勢的相融合。Arnold Wolfers將國與國關係視為霍布斯式鬥爭的「撞球」，被John Burton的蜘蛛網與Norbert Elias的網所取代，而這個新世界的追隨者更轉向韋伯的國家邏輯、涂爾幹的公民社會團結、解放所有排他性的公民宣示效忠。

由於過於激進，所以干涉(ingérence)一詞很快的就被「介入權」(droit d'intervention)所取代（1992年第770號解釋），隨後更成為「人道救援義務」(devoir d'assistance humanitaire)。在介入與國家主權委員會正式定義出急難人口救援義務（根據 François Mitterrand 的說法，當不救援的風險出現時，不介入的義務便不適用）與尊重國家主權之間的條件前，「人道救援義務」這一用詞間接突顯了國家援助的道德責任，而並不是可由國家選擇的一種權利。在 2005 年聯合國六十週年高峰會的最終文件中，第 138 與 139 點將保護責任(R2P)的概念予以官方化，更在 2009 年 9 月被聯合國大會在 A/RES/63/308 號決議中做為共識。

**二、遵守現實主義傳統。**Serval、Berkhane 與 Sangaris 的軍事行動都遵守了現實主義的傳統，這些行動的正當性都完全符合國家間關係的傳統框架。第一個理由是基於憲章第 51 條認可的盟國請求協助與合法集體自衛。做為符合法國與多個前非洲殖民地所締結防衛協議下的措施，甚至沒有必要引用理論來論證，因為缺乏行動將會被解釋為迴避和不遵守承諾。

同樣地，法國對於前殖民地的歷史責任，解釋了訴諸古典修辭的「陣線」(rang)與「價值」的防衛，為此法國將軍事力量同時做為其國家權力野心的「盾」(bouclier)與「亭」(pavillon)。因此，這些遙遠且昂貴的行動，正符合了 John Mearsheimer 所說的「大國的悲劇」，被迫要介入以證明自己的地位。最後，安全風險的調用則是符合新現實主義的框架，將權力以安全代替，成為國際機構的拱心石(C. Glaser, J. Grieco)。國家失敗的情況被一致認為是全球不安全的主要來源（2013 年國防白皮書、2003 年與 2008 年的歐洲安全戰略等），而這些干預可以穩定那些在短期內可能成為自身安全直接威脅的灰色區域，很明顯的符合法國利益。

那麼，要如何調和這兩種理論上矛盾，但外交上可理解的途徑呢？這裡或許可以提出三個要素。首先，很明顯地，當面對的情況不同，會帶來不同的解答。像是加拿大在全世界推廣以人類安全為基礎的政策，卻用現實主義論述來保護自身在西北通道的海上權利；法國在這些不需要相同答案的議題與區域中，引用其價值與利益做為各項行動的基礎——比起真正的矛盾，其實更加互補。

其次，自由主義的雙層賽局(Two-level game)理論已經被整合入新古典現實主義，認同內部因素對於對外行為的影響。如此一來，公眾輿論的支持，對於 Barkhane 這種時間將持續拖長的武裝行動是必要的，而對於在中非的 Sangaris 這種人道屬性的干涉更是對民意的直接回應。最後，自由主義者與現實主義者已經逐漸消除彼此的歧見，畢竟全球安全的概念——人類安全是組成要件之一——必須考量到個人的安全。然而，若僅考慮到個人安全是不夠的，儘管它是達到全球安全的必要條件。事實上，我們必須在個人安全的自然法與實證法的要求之間建立一個新平衡，重新定義這種過去沒有的做法。

然而，實際的情況卻與學術的推論不一致，自由主義推崇的人道救援干涉持續增加，但現在卻被視為是造成不穩定的因素之一；從現實主義出發的武裝干涉卻成功地靠武力威嚇維護和平。

透過重新定義正義之戰，自由主義者認定的戰爭起因必須從此被視為威脅國家和平的原因之一，而對現實主義者來說，國家和平不需要透過公民社會的參與取得。

雖然說兩害相權取其輕，但和平能否藉著將武力視為國家和平必需的學派（現實主義）相融合來達成，這是不確定的；而當事關急難人口救助時，和平是可以被犧牲的（自由主義）。為避免這種融合的負面效果，可能要留意批判學派與 Ken Booth 的說法，也就是世界和平的三大危機：對緊急的崇拜（現在主義 / presentism）、轉型正義（文化主義 / culturalism），以及科學中立。

# 參考資料

Booth Ken, « Human Wrongs and International Relations », *International Affairs*, 71 (1), 1995, pp. 103-126.

Glaser Charles L., « Realist as Optimist. Cooperation as Self help », *International Security*, 19 (3), Winter 1994-1995, pp. 50-90.

Jeangène-Vilmer Jean-Baptiste, *La Guerre au Nom de l'Humanité. Tuer ou Laisser Mourir*, Paris, PUF, 2012.

Roche Jean-Jacques, « La Société Civile et la Guerre », in : Josepha Laroche, Yves Poirmeur (Éds.), *Gouverner les Violences. Le processus civilisationnel en question*, Paris, L'Harmattan, 2013, pp. 231-246.

Ullman Richard, « Redefining Security », *International Security*, 8 (1), Summer 1983, pp. 129-153.

# 俄羅斯對烏克蘭危機處理的強硬化

## 政治與經濟制裁的爭議性影響

Thomas Lindemann

趙偉婷譯

2014 年 12 月 23 日

俄羅斯盧布快速貶值、能源收入崩跌、領導者海外資產被凍結：俄羅斯已為併吞克里米亞付出高額代價。實際上，西方各國決定了武力（禁運武器進入或輸出到俄羅斯）和經濟（像是歐洲公民不能購買或是販賣俄羅斯股票）甚至技術與能源方面的制裁。此外，歐洲各國禁止其企業在克里米亞和塞凡堡地區，從事運輸與通訊製造業以及能源部門的新投資。

歐盟同時也決定凍結幾位與普丁親近的重要俄羅斯企業人士的資產。因此，俄羅斯在政治上似乎越來越孤立。

2014年11月15日到16日，在澳洲布里斯本所舉行的G20高峰會上，普丁被東道主澳洲冷淡地接待。俄羅斯之前才被排除在原預定6月在索契舉行的G8高峰會之外，此會議最終被7月在布魯塞爾舉辦的G7會議所取代。在面臨巨大政治和經濟成本的情況下，為何俄羅斯仍要併吞克里米亞，並支持東烏克蘭分離主義分子？

烏克蘭與俄羅斯之間的危機可從四段主要情節來理解。在基輔獨立廣場流血鎮壓，總統亞努科維奇(V. Yanukovych)於2014年2月21到22日深夜被國會解除職位後，俄羅斯首次態度強化，表達不排除以武力介入烏克蘭。在當時，反對者揭竿起義要對抗烏克蘭政府不與歐盟簽訂協議的決定。接續由圖奇諾夫(O. Turchynov)及亞采尼克(A. Yatsenyuk)所領導的政府，宣布傾向與歐盟建立聯盟，此舉動遭俄羅斯強烈批評。其認定新政府不具合法性與正當性，並給予前總統避難權，此皆為了威嚇一個新與反俄羅斯法西斯所帶來的危險。

第二次的不妥協發生在2月27日，俄羅斯為了證明有行動能力，開始發動陸軍進入烏克蘭邊境。2月28日，軍方已控制了辛菲洛普(Simferopol)機場。從此時起，由於一部分東烏克蘭不承認新政府，眾多觀察者皆懷疑俄羅斯支持了東烏克蘭的分離主義分子。此外，因在27個地區中有13區禁止使用俄語，使得東烏克蘭區域難以融入新政府。

第三階段發生在3月，有大量俄語族群居民的克里米亞地區宣布獨立並加入俄羅斯，儘管面對龐大的政治與經濟制裁威脅，俄羅斯仍接受此宣布。最後是目前仍持續中的第四階段，由俄羅斯對於分離主義分子的武力支持所形塑，更不排除加強武力援助。普丁總統在新年演說時向其同胞宣告，未來在經濟上將會面臨一段艱苦時光，並歸咎歐洲應為此情況負責。

**一、普遍主義途徑：和解與制裁**。要理解俄羅斯對烏克蘭及西方政策的演化，存在三種主要的理論方向，並且每個都有兩種次變向（懲罰的威脅或獎賞的承諾）：(1)威嚇（攻擊性現實主義）；(2)安撫的緩和（防禦性現實主義）；(3)經濟性制裁和／或安撫措施（自由主義），或者是象徵性制裁或安撫措施（例如將俄羅斯隔絕於G8會議之外）。

**二、背景性分析**。然而，本文借用另外一種更考慮到研究目標社會屬性的途徑。此背景性方法特別顯示出集體政策領導者對於正當性(légitimité)的要求。因為，如果要維持權力，所有的決策者首先都必須考慮外部政治決策會影響其對內部象徵性資本。根據我們由韋伯學派出發的論點，目前俄國政府追求魅力型權威(légitimité charismatique)，以維護政權的正當性，因此在面對俄羅斯少數民族以及東正教斯拉夫民族時採取保護者的姿態，並且藉由展現實質武力以及輕蔑死亡，塑造一種「雄性認同感」。此得以解釋西方各國制裁的挫敗和俄羅斯政府在解救其同胞上象徵性的需要。

隨著俄羅斯強硬、不妥協態度的情節發展，可以觀察到俄國首先對於一項重要的挑戰做出反應，此為一種表現形象以及自我尊重的象徵性脆弱感。新政府向西方國家靠攏以及禁止使用俄語造成了第一次的強硬行動。此外，必須考慮到俄羅斯害怕看到烏克蘭和歐盟，甚至是北大西洋公約組織結盟的憂慮。我們不能低估了俄羅斯對克里米亞以及烏克蘭東部同胞的呼喊，這項歷史因素甚至不需要普丁來強調。對俄羅斯實施的政治和經濟制裁，很難斷言是否加劇了危機，但無論如何都不利於談判。因此，此時態發展邏輯(chrono-logiques)顯示烏克蘭和西方政策，對於俄羅斯國家與領導人想要投射在國際甚至是本土的形象，造成很大的象徵性成本。

俄國領導人的動機說明了，決定支持在烏克蘭的俄裔人士時象徵性顧慮十分重要。俄羅斯總統，摩托車手加上柔道黑帶，不時顯露陽剛氣息、展露胸肌、與老虎拍照、並且時常穿著制服。普丁不斷宣稱俄羅斯仍是有影響力的大國，並且有別於其他西方各國，俄羅斯有著犧牲與奉獻的情懷。然而，此言論在俄羅斯似乎十分盛行，在公眾輿論中總統聲望一直維持在很高的水平。

普丁的英雄式和保護者形象的塑造與在經濟壓力下的政治妥協並不能調和並行，因普丁不能冒險表現出懦弱的一面。然而，西方領導者也當然並未忽視此象徵性的問題。如同普丁，他們也必須關注其政權的合法性，也就是對於民主價值的堅持以及尊重人權的信仰。因此，這些事件說明了政治決策者的外部行動同時呼應了國內政策，旨在符合其在國內應扮演的角色。

## 參考資料

Jego Marie, "Poutine, le mâle absolu", www.lemonde.fr, 24 janv. 2014.

Lindemann Thomas, *Causes of War. The Struggle for Recognition*, ECPR, Colchester, 2011.

Tsygankov Andrei P., *Russia and the West from Alexander to Putin. Honor in International Relations*, Cambridge, Cambridge University Press, 2014.

# 第　二　章

# 象徵性資源的矛盾力量

# 信用評等公司的規範性權威

## 穆迪公司調降阿根廷的信用評等

**Elie Landrieu**

邱崇軒譯

2014 年 4 月 7 日

2014 年 3 月 17 日，國際信評公司穆迪(Moody's)把阿根廷的信用評等調降至「Caa1」，意即告知金融市場阿根廷的償債能力低下，違約風險「甚高」。此外，穆迪特別指出疑慮來自阿根廷外匯存底快速減少，自 2011 年 527 億美金到現在僅剩 275 億美金，加上阿根廷政府持續推行「不恰當的政策」。

2001 年 12 月，阿根廷宣布停止償還 1,030 億美金的國際公債。之後，阿根廷進入鎖國的情況，不履行應該遵守的國際金融規則，甚至不顧國際金融規範的承諾。實際上，內斯托爾・基什內爾(Nestor Kirchner)政府於 2005 年 1 月提出第一個債務重組計畫。一年後，阿根廷即還清國際貨幣基金組織(Fonds Monétaire International, FMI)的 98 億美金紓困欠款。克利斯蒂娜・基什內爾(Cristina Kirchner)政府於 2010 年 6 月提出第二個債務重組計畫，90%的私有債務得以重新協商。因此，2012 年阿根廷政府成功減少將近 70%的負債（自 2002 年等同國內生產毛額的 166%降到 44.9%）。

此外，當時的國際經濟局勢也有利於阿根廷經濟的自主發展。受惠於農作物的價格飆漲，如占阿根廷出口 25%的黃豆價格持續走高，阿根廷在國際收支取得大幅出超，外匯存底也因而增加，尤其是美元，而且 90%的阿根廷國債是以美元結算。同時，阿根廷穩定、快速的經濟成長，在 2003 至 2008 年期間維持在 7–9%，造成國家稅收持續提高。阿根廷政府於是有足夠的資源平衡支出並還債，而不需要透過國際金融市場。

一般而言，如能在經濟方面保持自主性，政府在施政時自然能有更大的空間。唯有保持經濟自主，政府才能擺脫國際上主導的新自由主義，並施行干預政策，如社會援助、保護主義措施（設備或製造業產品進口課稅），又或是國有化(退休金制度,2008;阿根廷航空 Aerolineas,2011;石油公司 Repsol-YPF,2012)。值得注意的是,阿根廷中央銀行對資本的流動執行嚴密的檢查。

然而,在 2008 年金融危機之後,全球經濟局勢惡化造成阿根廷政府不得不回到國際債券市場。隨著全球需求的降低,農作物價格持續下滑,阿根廷的貿易出超減少,國內經濟活動放緩,政府財稅收入減少。因此,阿根廷政府可支配的經濟資源也大幅減少。於是,在這個情況之下,阿根廷政府必須重新吸引投資者進入。但是,要獲取投資者的信任,則必須回應他們的規則和要求,也就是說,必須接受他們的規範性權威。

**一、以規範進行管制。**在《規訓與懲罰》(*Surveiller et punir*)一書中,傅柯(Michel Foucault)描述在十八世紀末以來,一種獨立於法律之外的規範性權力逐漸出現。然而,如果說法律是外在且具懲罰性的,規範則是內在而要求個人的自我控制。

而正是因為擁有全球性主權的主管機關不存在,全球化的管制遵循上述的發展。專業機構發布的規則成為管制的依據,各行為者的自我約束和主動加入更成為機制運作的原則。而專業機構的影響力正來自於全球化的重要分子必須盡一切所能進入他們規範出的「集團」，即便必須遭受損失。

二、以汙名作為改正的措施。汙名化是一個強而有力的管制措施。依照高夫曼(Erving Goffman)的論述，汙名不僅造成受害者的身分受損並遭到排擠，同時更再次確立社會系統中的主流價值。然而，阿根廷國債信評再次被調降將造成該國信用受損，進而導致國際金融市場投資者紛紛走避。這個情況造成阿根廷政府必須依照信評公司的規則改變其金融政策——透明化、預算緊縮、放鬆匯率管制，以重新回到國際債券市場並找回投資者。

阿根廷的信用評等遭到調降造成該國被金融市場排擠的效應，甚至突顯了阿根廷「償債能力低下」的形象。因此，這個情況將惡化阿根廷和所有國際金融成員（國際貨幣基金組織、私人投資基金、美國司法單位、金融媒體）的關係，因而間接造成阿根廷無法進入國際債券市場。

因為信評公司穆迪的決定，造成阿根廷必須採取新自由主義、符合市場經濟規範的政策。這次評等附帶了對阿根廷政府干預政策的批評，如對能源價格的管制、匯率的干涉，以及被認定「不符合」實際情況的超額公共支出。因此，穆迪建議阿根廷政府採取新自由主義的經濟政策措施，如財政赤字的管制與穩定貨幣。依照穆迪，這些不可避免的重要措施將有助阿根廷政府償還公債。

阿根廷對資金的急迫需求，造成各級財金首長必須考量到穆迪開出的這些要求。實際上，資金的外移、通貨膨脹加劇以及整體經濟活動的減緩，嚴重地打擊了阿根廷的財政，封閉自主的情況無法再持續下去。因此，近幾個月以來，阿根廷政府對國際金融市場釋出諸多回應措施，期望贏得它們的信任。其中，阿根廷特許讓某些國有化企業獲得高額的補償，如支付 50 億美金給西班牙石油公司 Repsol，或是清償部分私人債權人的過期欠款。尤其，阿根廷放任比索兌美元匯率下跌，同時並與巴黎俱樂部（Club de Paris，為負債國和債權國提供債務安排的非正式組織）進行協商。然而，為了取得金融市場的信心，穆迪的專家明確地指出阿根廷政府必須更大規模調整其經濟政策。

此外，若國家越依賴債券市場，信評公司的權威也就越強大。信評公司現在已經有能力影響國際金融的相關規範，甚者，政府必須依照信評公司的指導改變財金政策，清償國債成為當前最重要的目標之一。然而，這個情況也將造成投資者的利益凌駕在人民整體利益之上。

# 參考資料

Foucault Michel, *Surveiller et punir*, Paris, Gallimard, 1975.

Gaillard Norbert, « La notation souveraine », *Politique étrangère*, (1), 2012, pp. 53-63.

Goffman Erving, *Stigmate. Les usages sociaux des handicaps*, Paris, Minuit, 1975.

Publication web de Moody's, décision du 17 mars : https://www.moodys.com/research/Moodys-downgrades-Argentinas-government-bond-rating-to-Caa1-stable-outlook--PR_294642?lang=fr&cy=fra.

# 巴西世界盃足球賽

## 國際足球總會干涉國家主權

**Elie Landrieu**

邱崇軒譯
2014 年 6 月 16 日

第 20 屆世界杯足球賽於 2014 年 6 月 12 日至 7 月 13 日在巴西舉行，然而負責籌辦這項賽事的國際足球總會(Fédération internationale de football association, FIFA)卻遭受前所未有的批評和質疑。實際上，這個私立的組織享有強大的資源，足以強制要求賽事主辦國遵守其訂定的嚴苛條件，儘管可能對社會、經濟層面甚至是個人安全造成嚴重衝擊。

1904 年 5 月 21 日，七個歐洲國家（德國、丹麥、西班牙、法國、荷蘭、瑞典與瑞士）的體育協會代表於巴黎創立了國際足球總會，以管制這項快速發展的運動。除了比賽規則制定以及協調各國足協的運作，國際足球總會最主要的目標即是規劃舉辦一項國際性的賽事。

儘管迅速獲得其他國家認可並加入，直到 1930 年，國際足球總會才終於在烏拉圭舉辦第一屆世界杯。然而，在經濟危機和國際衝突的雙重紛擾下，首屆賽事成果不如預期。僅有 13 個國家參與，尤其傳統歐洲足球強權缺席（英國、德國和義大利）。但是，各國政府很快地體認到這項賽事可帶來的象徵性影響力，更可因此提升國際形象。因此，1934 年的義大利世界杯，墨索里尼(Benito Mussolini)把賽事作為向外界展現國力的櫥窗。鋪張華麗的賽程規劃加上義大利國家隊的強勢勝利，讓法西斯政權得以在第二次世界大戰前夕，向全世界傳達光榮實力與現代化的國家形象。

在電視普及之後，世足賽的政經影響力又提升到另一個規模。1996 年的世界杯決賽首次有電視實況轉播，這場在倫敦進行由英格蘭對戰西德的賽事共有六千萬人收看。自此，世足賽成為各大品牌展示、宣傳的場合。此外，在 1970 年期間，由巴西企業家哈維蘭治(Joao Havelange)領導的國際足總和可口可樂、愛迪達簽訂合約，與這兩大國際集團的夥伴關係更持續至今。此後，國際足球總會不斷提升其影響力。因掌控四年一度賽事的權利金收入（轉播權、行銷權以及多媒體平台），國際足球總會的營收持續提高。以 2007 年至 2010 年為例，營收達到 42 億美元。然而，這個主管全球足球運動的機構也同時捍衛在政治方面的影響力，尤其在世界杯賽事的規劃上，強制主辦國接受嚴苛的條件和待遇。

**一、私有組織介入國際事務**。全球化導致國際上政治權力的重新分配，造成非國家行為者的興起。私有組織和機構獲得某些領域的管制權力，如國際足球總會有足夠權力反對、甚至反制各國政府的內部決策。

**二、國家權力的重組**。因此，這些新的行為者共同參與政治權力的改變。以本屆世界杯足球賽為例，在國際足球總會的要求之下，巴西政府必須大幅加強維安工程，甚至必須放棄其他重要領域的國家管制功能。

由於負責世界杯足球賽的籌劃，國際足球總會擁有可觀的政治權力，讓它得以在國際舞台上扮演一個重要且獨立的行為者。當然，不同於其他跨政府組織，國際足球總會並未享有任何國家主權的代表權。實際上，這個足球運動的最高管制機構僅是由各國運動協會共同組成，因此，並未和各國政府有直接的關係。但是，由於讓各國互相競爭世界杯的主辦權，國際足總讓各國政府必須接受它制訂的賽事舉辦條件，並同時增進各國政府與國際足總的依賴關係。因此，國際足總甚至有能力影響各國國內體育活動的營利。實際上，如同前兩屆在南非和德國舉辦的世界杯，本屆世界杯的主辦國巴西接受了國際足總的要求，放棄徵收世界杯期間國際足總和所有商業合作廠商的營業稅。此外，國際足總更強制了一系列的措施以維護其贊助企業的利益，而不利於在地業者。在各個比賽場地週圍，於是規劃了與國際足總合作的官方品牌「專賣區」。比起主辦國政府，國際足總更能掌控由賽事產生的龐大利益。這也代表了國家行為者的社會管制功能受到一定程度的侵害。

在這個背景之下，因為籌辦世界杯而持續增加的公共負債（110 億美元）將大幅影響巴西政府未來各項社會政策的制定。其實，儘管抗議動員逐漸擴大，巴西政府已經規劃一個減少公共支出方案，將直接影響公共服務的預算。同樣地，巴西政府在維護民主政權穩定的能力也受到質疑。很顯然地，大規模的社會運動突顯了巴西各級政府忽略了徵詢民意的必要性。儘管在國際足球總會的壓力下，巴西政府放棄了部分的國家主權，但是，巴西也並非完全沒在賽事籌辦過程中獲利。實際上，在與國際足球總會簽訂的共同協議中，巴西政府必須特別加強維安措施，並趁機鞏固對人民的掌控。因此，以籌辦世界盃為由，巴西政府同時擴張了警察權和司法權。針對維安設備、監視器材和特殊行動軍隊，巴西政府共花費了 20 億里拉（9 億美元），同時還利用軍隊弭平在各地的抗爭行動。此外，與國際足球總會代表共同協商出的「世界杯法」，更在巴西的刑法中增加了新的罪名。而在公共自由的危害方面，巴西國會目前正在審查一項「反對恐怖主義分子」的法律，該法案以廣義的恐怖主義為基礎，懲處對財物和服務的破壞。這項法案即是針對在世界盃舉辦期間進行抗議的民眾。這些法律將造成警察暴力的擴大甚至是免罪。許多非政府組織即指出並譴責警察在抗議動員活動犯下的暴力行為，尤其是鄰近觀光景點的貧民區(favelas)，警察驅逐當地居民的暴力行動。

然而，巴西政府和國際足球總會之間並不僅只是對立和競爭關係。實際上，國際足球總會有能力影響巴西政府的根本的公共權力，如營利的管制和分配以及民主秩序的維護。然而，在這兩個機構之間同時也存在合作和夥伴關係。例如，兩者都認同加強安全管制的重要性：國際足球總會需要穩定的社會秩序以順利完成世界杯賽事，而巴西政府利用軍警趁機弭平社會安全問題，如貧民區和各個社會運動。於是，國際足球總會逐漸成為國際關係的重要行為者，巴西政府反而在本屆世界杯的籌辦中專注處理逐漸「崩解」的安全與社會秩序問題，而願意對國際足球總會放棄部分國家權力。

## 參考資料

Amnesty international, « Ils utilisent une stratégie de la peur. Le Brésil doit protéger le droit de manifester », 5 juin 2014.

Laroche Josepha, *La Brutalisation du monde. Du retrait des États à la décivilisation*, Montréal, Éditions Liber, 2012.

Rosenau James N., *Turbulence in World Politics: a Theory of Change and Continuity*, Princeton, Princeton University Press, 1990.

Rousseau Juliette, « Villes marchandes et villes rebelles : préparation aux méga-événements et reconfiguration des formes d'exercice du pouvoir au Brésil », *Mouvements*, (2), 2014, pp. 24-30.

# 對人道主義精神的肯定

## 法國作家莫迪安諾獲頒2014年諾貝爾文學獎

Josepha Laroche

邱崇軒譯

2014 年 10 月 27 日

2014 年 10 月 10 日，瑞典諾貝爾委員會公布諾貝爾文學獎的得主為法國作家莫迪安諾(Patrick Modiano)。在 2008 年勒克萊齊奧(J.M.G. Le Clézio)獲獎後，法國將可驕傲地收下第 15 座諾貝爾文學獎，並維持獲得此一殊榮最多次的國家（領先美國），若以國籍計算占所有得獎者的 13.5%。

在 1895 年 11 月 27 日立下的遺囑中，阿爾弗雷德・諾貝爾(Alfred Nobel)制定了一個以普世價值、和平主義與人道精神為根基的計畫。遺囑中詳細列出了各項財務規劃與條件，以期在諾貝爾死後，創立一個以和平為主張的國際授獎制度，維護世界秩序。然而，正是因為諾貝爾的遺願，兩位遺囑的執行者必須先面對諾貝爾家族無法繼承龐大財產的問題。由於諾貝爾家族拒絕被剝奪當時全球最龐大財富的受益權（3,100 萬瑞典克朗，相當於 15 億歐元），展開了漫長的訴訟，最終獲得 130 萬瑞典克朗。但是，諾貝爾家族也必須承認遺囑立下的內容，並且永遠放棄有關金錢賠償的訴訟。至此，諾貝爾委員會得以成立，依照這個瑞典工業家的遺願，建立一個以追求知識與和平的國際制度。於 1901 年，五個獎項終於建立（物理學、化學、生理學或醫學、和平與文學）。而在 1968 年，為了慶祝瑞典銀行成立三百年，瑞典銀行決定創立經濟學獎，授獎條件與其他諾貝爾獎相同並負擔此一獎項的支出，「以紀念阿爾弗雷德・諾貝爾」。延續至今，此即目前的全球授獎機制。

無論是哪一個領域，每一個諾貝爾獎都必須獎勵「對人類有最大貢獻的」人士或組織（遺囑內文）。至於諾貝爾文學獎，經由諾貝爾委員會數年來的決定可以歸納出「不全然一致的主流風格」。事實上，一個世紀以來，人道主義精神反應在兩個相對又互補的遴選條件：一、發現新作者；這項標準旨在鼓勵文學創新，或是發掘長久以來被忽略的文學表現形式。諾貝爾委員會希望引薦在他們的語言、文化圈以外不具知名度的作家，否則無法為多數人閱讀。此類得獎作家，如聖瓊・佩斯（Saint-John Perse / 法國 / 1960）、謝默思・希尼（Seamus Heaney / 愛爾蘭 / 1995）、辛波絲卡（Wisława Szymborska / 波蘭 / 1996）又或是莫言（中國 / 2012）。二、表彰全球知名、已具廣大讀者且文學價值普遍認可的作家，如托馬斯・曼（Thomas Mann / 德國 / 1929）、、卡繆（Albert Camus / 法國 1957）、沙特（Jean-Paul Sartre / 法國 / 1964）。也就是說，評審在這兩個看似矛盾的遴選目標中試圖找出充滿人道主義精神的文學作品。正如同 1970 年代瑞典學院的秘書拉斯・吉稜斯登(Lars Gyllensten)為諾貝爾獎所做的評論：「諾貝爾獎不應該加冕過去的成就……，它不該是錦上添花……，它應該是一個對未來的賭注……能鼓勵得獎者」。換言之，諾貝爾文學獎旨在「讓一個既原創又創新的作者持續創作；推廣一個至此被忽略但產量豐沛的文學表現形式，讓更多人閱讀；幫助一個在文化和語言上受到忽視的文學創作途徑，以及透過獎項支持其他人道的試驗和抗爭」。

**一、規範性權威。**每一年諾貝爾文學獎都會引起廣泛甚至激烈的討論，議論得獎者是否真的實至名歸。事實上，吉稜斯登也提到，這個獎項常被批評沒頒給「當前最佳的作家」，但他也說了這目標是「一項不可能達成的任務」。此外，如此期望不僅不切實際，更不符合諾貝爾遺囑明確立下的標準。其實，評審的標準不在文學價值，而是純粹在道德層面上。

**二、國家分級**。僅有個人和機構組織能夠獲得諾貝爾獎。然而，各國卻把這個國際授獎機制視為科學成就、文化影響力和政治地位的評斷標準。各國都認同諾貝爾獎可衡量一國知識程度的象徵性權力，獲獎即可突顯一國在國際上的尊崇地位；也就是說，依照諾貝爾獎的得獎數量，把各國區分層級。因此，作為國家權力的組成之一，諾貝爾桂冠現在已成為一國科學研究政策、文化發展以及對維護公共資產的最高榮譽。諾貝爾獎成為一個非國家外交政策的典型，足以影響國際局勢發展。

1901 年諾貝爾獎創立以來，這個國際授獎機制的威望不斷擴張，以至於諾貝爾獎得主成為全球菁英、道德和公民典範的代名詞。諾貝爾獎得主成為顯赫的國際知名人士，他們形成跨國的菁英體系，代表社會、道德和科學知識的珍貴資產，影響力大到被認為擁有一種神聖魔力。

至於諾貝爾文學獎，它可被視為是一國文學資產的外交大使，一國文化實力的最佳代表，卻也造成各國的衝突對立，而無法透過獲獎而得利。每次名單揭曉，誤解、衝突隨即可能爆發。事實上，頒發諾貝爾文學獎給任一作家，等同「選出在文學領域內，以理想主義為思考最重要的作品」，此為諾貝爾本人的意旨，甚至可說完全不是為了獎勵作品的文學價值。如兩位獲獎作家，普呂多姆（Sully Prudhomme／法國／1901）與賽珍珠（Pearl Buck／美國／1938）即突顯了人道主義精神的評選標準，而非以作品本身的文學價值。當然，強調人道主義精神並不代表評審不試圖發掘嶄新的文學風格、創新的作家以及新穎的寫作技巧。實際上，諾貝爾文學獎的評審試圖在文學價值和人道精神之間取得平衡。實際上，赫曼・赫塞（Hermann Hesse／瑞士／1946）、威廉・福克納（William Faulkner／美國／1949）、海明威（Ernest Hemingway／美國／1954）、貝克特（Samuel Beckett／愛爾蘭／1969）以及品特（Harold Pinter／英國／2007）等得獎者，表現了評審盡可能顧及這兩個層面。

關於莫迪安諾，諾貝爾委員會很顯然地要表揚他的創作歷程，肯定他長久以來受到廣大忠實讀者的喜愛。早在1970 年代，莫迪安諾即是法國文壇的明日之星，短時間內獲得各大獎項。1968 年，他才 23 歲，即以第一本小說《星型廣場》(*La Place de l'Étoile*)獲頒兩項文學大獎(Prix Roger-Nimier/Prix Fénéon)。1972 年，他以第三本小說《環城大道》(*Les Boulevards de ceinture*)成為法蘭西學院小說獎的最年輕得主。1976 年，他以《暗店街》(*Rue des boutiques obscures*)獲得龔固爾文學獎(Prix Goncourt)。此後，莫迪安諾持續取得國內外獎項。他的作品聚焦在二次世界大戰期間的巴黎，以冷漠的風格書寫記憶。他用文字見證這段歷史，拒絕讓戰爭或是困頓的生活永久磨滅這些無名人士所留下的模糊痕跡。他重複強調追溯一段痛苦過去以弭平一段空缺歷史和意識的傷口的必要性。諾貝爾委員會特別表揚了莫迪安諾如考古學者般地致力於「回憶的藝術，探討人類無法掌控的命運並且呈現了德國佔領時期的巴黎」。換句話說，諾貝爾委員會指出莫迪安諾的作品符合諾貝爾當初立下的人道主義計畫的精神，並同時表彰一個才華地位都已備受肯定的作家。

本屆諾貝爾文學獎因此推崇了一個小說作家，表揚他的創作歷程以及創新價值。同時，也可讓法國政府受益。意即，法國政府可以運用來自個人的榮耀，轉化為文化資本和政治資源，在全球各國的激烈競爭中，維持法國的影響力。

# 參考資料

Laroche Josepha, *Les Prix Nobel, sociologie d'une élite transnationale*, Montréal, Liber, 2012.

Laroche Josepha (Éd.), *跨國主義分析全球局勢：法國觀點 2009-2010*, Taipei, Airiti Press, 2012, pp. 21-26 ; pp. 45-50.

Laroche Josepha (Éd.), *跨國主義分析全球局勢：法國觀點 2011*, Taipei, Airiti Press, 2012, pp. 35-39.

Laroche Josepha (Éd.), *跨國主義分析全球局勢：法國觀點 2012*, Taipei, Airiti Press, 2013, pp. 51-58.

Laroche Josepha (Éd.), *跨國主義分析全球局勢：法國觀點 2013*, Taipei, Airiti Press, 2014, pp. 137-142.

http://www.nobelprize.org/nobel_prizes/literature/

# 對抗氣候變遷活躍的個體行動

## 2014年9月21日全球氣候大遊行

**Weiting Chao**

趙偉婷譯

2014 年 11 月 25 日

2014 年 9 月 21 日在世界各地主要大城市，數十萬人民走上街頭以展現對抗氣候暖化的決心。此次行動主要由「Avaaz.org –全球採取行動」非政府組織(NGO)所主導，在全球 158 個城市中策劃了超過 2,700 個活動。此外，更動員了眾多政治家、專家學者以及名人，當中包含聯合國秘書長潘基文、前美國副總統高爾(Al Gore)、紐約市長比爾・白思豪(Bill de Blasio)、人類學家珍・古德(Jane Goodall)、法國外交部部長法比尤斯(Laurent Fabius)、法國生態部部長賀雅爾(Ségolène Royal)以及美國演員李奧納多・狄卡皮歐。

全球氣候治理討論自 1980 年代末期展開，以因應大氣組成改變的科學證據。1992 年巴西里約地球高峰會(Earth Summit)後，各國通過全球氣候變化框架公約(Convention-Cadre des Nations Unies sur les Changements Climatiques, CCNUCC)，目的在降低大氣中溫室氣體濃度。在此公約基礎上，京都議定書於 1997 年簽署，並於 2005 年生效。這是唯一賦予工業化國家減量義務的全球協議。然而，2001 年美國拒絕批准京都議定書的決定，阻撓了議定書的實行。這也說明了為何在後京都談判時期更難以達成任何新的協定。根據 2007 年的峇里島路線圖，國家間需在 2009 年哥本哈根第 15 次締約國大會(Conference of the Parties, COP 15)前達成一份新的協議。儘管會前市民團體等各方組織皆抱持高度期待並予以施壓，此高峰會並沒有達成任何顯著進展。2012 年 12 月杜哈會議上，京都議定書被展延到 2020 年，此外，必須在 2015 年通過一份包含全體的新協議。2013 年，在華沙舉行的 COP19 會議進行時，史上第一次眾多環境 NGO 集體退出氣候變遷談判會場，以抗議談判進度滯遲以及大企業主導談判過程的情勢。

2014 年 9 月 23 日，超過 200 位國家與政府領導者聚集於紐約聯合國高峰會，以重啟針對在 2020 年生效實質協議的討論。此高峰會兩天前，抗議活動在世界各地，如倫敦、柏林、巴黎、斯德哥爾摩、羅馬、新德里、墨爾本和里約熱內盧等大城市展開。有史以來最大的遊行在紐約舉行，超過 30 萬名示威者走上街頭，遊行隊伍以不同主題劃分為六大區域。走在最前列隊伍中的抗議者包含了最脆弱以及受氣候變遷危害最深的族群。

**一、活躍的個體**。此概念涉及通過集體認同感所動員的普羅大眾網絡。根據 James Rosenau 的研究，當檢視個體行為者時，值得注意的是，個人和團體對於國家的服從度與忠誠度逐漸減弱。與之相反的，在同一時間可以觀察到個人感受與關注國際事件的能力不斷增加。當今社會，必須強調國家間的體系與多中心機能並存著。人們已進入一個「全球性動盪」(turbulences mondiales)，在這之中公民角色在國際舞台上扮演著舉足輕重的角色。此現象說明了一個參與能力的革命。因此，思考到 Rosenau 所提出的宏觀—微觀混合概念(mixing micro-macro)，這些事件使我們重新評價每一個體所扮演不同角色的作用。

**二、國際聲譽**。此牽涉單一個體，由於具有特殊個人素質和技能，能使用他們的國際威望或聲譽參與國際議題，並且在某些情況下可以與國家互相競爭。此概念與同樣也是 Rosenau 所提出的「無私的公民」(citoyen altruiste)概念相近。

在對抗氣候暖化時雖然面臨許多政策上執行的困難，但從 90 年代起，民眾對於此環境問題的認知便開始不斷提升。這要歸功於 NGO、國際專家學者以及媒體的倡導，讓公民更踴躍地參與環境政策。經常在各大會議進行時，有各種不同的示威遊行與公民活動同時展開，目的在加速談判的進展。像是在 2009 年 COP15 會議在哥本哈根舉行時，大約 3,000 位公民代表聚集在主場館貝拉中心(Bella Center)外，與環境 NGO 及其他代表一同召開「人民大會」(Assemblée du peuple)。

無可置喙的，個體參數的影響在這幾年隨著網際網路發展更加蓬勃。這項科技允許數百萬志同道合的民眾可以快速匯集，凝聚成一種強大且活躍的集體力量。對此，Avaaz 是一個很好的例子，此組織並不是環境 NGO，而是一個全球性個人網絡平台，具有非組織性活動以及非階層性等特點。其力量實際來自於它重新組織動員的能力，它可以匯聚並協調眾多 NGO、社區、以及個人網絡行動。此集體的鏈結提高了影響國家的能力，目前，各國政府不斷增加與公民間的對話。此新形態合作模式被視為減少二氧化碳以及採取調適氣候變遷行動的具體策略。

在示威者當中，特定參與者因其知名度或專業智能而受到高度專注，這些人並不是氣候暖化議題的專家，而是具有高度媒體能見度的國際精英。在某些狀況下，他們甚至有等同於政府的權威。此些單一個體（例如聯合國秘書長，紐約市市長或好萊塢巨星），能夠調動其在國際舞台上的象徵性資本。其合法性不但來自於本身更來自於他們所代表的機構。參與國際 Avaaz 運動更說明了他們置身投入對抗氣候變遷行動。因此，像是才剛被聯合國任命為「和平使者」(messager de la paix)的演員李奧納多・迪卡皮歐，同時也被賦予能號召民眾的象徵性與機構性的威信。同樣的，這些知名人士與受氣候變遷衝擊最大的社群走在一起，同時也向世界傳播了必須對抗此生態威脅的急迫性訊息。

此史無前例的民間性動員，也在提醒各國首腦，必須採取顯著的措施來應對氣候暖化。從今以後，數以萬計的個人匯聚行動可以發揮極大的作用，甚而對國家權威造成與日俱增的挑戰與削弱其權力。在 2014 年 12 月年秘魯利馬會議上，一份全球協議的初稿必須出爐，以便在 2015 年巴黎會議上讓各國通過。

# 參考資料

Chao Weiting, « 投機者的勝利：2012 年杜哈氣候變遷會議 », in: Josepha Laroche (Éd.), *跨國主義分析全球局勢：法國觀點 2012*, Taipei, Airiti Press, 2013, pp. 131-137.

Chao Weiting, « 非政府組織抵制行動的外交攻勢：華沙氣候變遷會議 », in: Josepha Laroche (Éd.), *跨國主義分析全球局勢：法國觀點 2013*, Taipei, Airiti Press, 2014, pp. 157-162.

Ford Lucy, « Challenging Global Environmental Governance: Social Movement Agency and Global Civil Society », *Global Environmental* Politics, 3 (2), 2003, pp. 120-134.

Laroche Josepha, *Politique Internationale*, 2e éd., Paris, L.G.D.J Montchrestien, 2000, pp. 176-201.

*Le Monde*, « New York fait ville pleine contre le réchauffement climatique », 22 sept. 2014.

Rosenau James, *Turbulence in World Politics: A Theory of Change and Continuity*, Princeton, Princeton University Press, 1990.

# 跨國公民權的興起

## 香港雨傘革命

Justin Chiu

邱崇軒譯

2014 年 12 月 17 日

2014 年 8 月 31 日，中國全國人民代表大會常務委員會通過 2017 年香港行政長官選舉的修改提案，對選舉程序做出多項限制。這項決定終於在 9 月底導致稱為「雨傘革命」的大規模抗議動員。抗議群眾以學生為主，他們的訴求是舉辦一場實質上民主、多元的普選，以決定香港政府的最高負責人。然而，政治主管機關——尤其是北京政府——始終表現出強硬的態度，對示威者的訴求沒有做出絲毫讓步。最後，香港警方在 12 月中清除了所有被占領的地區。

民主制度在香港施行的時間不算久。在 1841 至 1997 年之間的殖民時代，香港總督是由英國首相推薦而由英王直接指定派任。而除了最後一任香港總督彭定康，在任職前是保守黨的內閣部長以外，歷來港督皆來自英國外交系統。在 1980 年代，選舉制度逐漸被引進香港區議會層級。1991 年，終於舉辦了首次的直接選舉，香港市民當時可投票選出立法局 60 位議員中的 18 位。

1984 年，英國首相柴契爾夫人與中國國務院總理趙紫陽簽署了中英聯合聲明，規定了 1997 年香港政權移交的相關事宜。此外，這項聲明特別保障了香港地區的政治自治權，即根據現在為人熟知的「一國兩制」原則。然而，由中國全國人民代表大會於 1990 年通過的香港基本法，是實際上有憲法效力的根本法律，依照香港基本法規定，「香港特別行政區永久居民依法享有選舉權和被選舉權」（第 26 條）。再者，基本法亦規定了「行政長官的產生辦法……最終達到由一個有廣泛代表性的提名委員會按民主程序提命後普選產生的目標」（第 45 條）。因此，提名委員會的組成以及普選施行的日期成為爭議的來源。

自 1997 年香港回歸以來，已歷經四任共三位行政長官，都是由香港選舉委員會投票後任命。現任行政首長梁振英在 2012 年的投票中，獲得委員會 57.8%的支持(689/1193)。表面上看來票數過半，實際上這個結果非常不理想，因為選舉委員會的成員是由親北京人士所組成，且必須支持由北京政府指定的候選人。

2007 年 12 月底，中國全國人民代表大會常務委員會通過 2017 年香港行政首長由全民普選產生。然而，2014 年 8 月 31 日，常務委員會卻更改選舉的規範，新增限制。規定兩位或至多三位候選人，必須得到提名委員會（由現行的選舉委員會更名而成）的過半數同意。在這個情況下，中國共產黨將可在前端掌控選舉結果。但是，這個反民主的措施引起香港人民的反感。9 月底開始，香港市中心的交通要道被大學生占領，眾多市民也接著加入動員抗議。

**一、建立在中央監控體制之上的權威。**儘管中國各層級領導幹部的任職都必須通過投票任命程序，但只是表面上的民主，中國政治制度的基礎目前仍是列寧時代留下來的幹部委任制度(nomenklatura)。每一個層級選舉的候選名單都是由高一階的領導幹部擬定。中國共產黨藉由這個秘密、不透明的任命制度，讓屬意的候選人順利當選。因此，位於北京的權力核心不僅掌控了全國各級職務的任命權，同時也建立了一套金字塔式的監控體制，直到最底層的地方單位。列寧式的幹部委任制度更是中國共產黨掌控行政官僚系統，維持黨政合一的關鍵。然而，中共當局試圖把這個政治的壟斷權力拓展到香港，其所要面對的是已跨國化連結的公民反抗力量。

**二、以跨國資訊網路為根基的公民權**。作為資訊傳播的媒介與動員的工具，社群網路在香港民主動員中扮演了關鍵的角色。藉由 Facebook、Twitter，以及其他即時分享功能的智慧型手機應用程式，電信科技的創新改變了原本以國界為限的公民空間。複雜互連社群網絡的出現，讓民主辯論輕易超越國家的疆界，而能獲得跨國支持。這個新的公民力量來自個人即時表達的熱忱，而不需要領袖指揮和嚴謹的組織。然而，這個能迅速、靈活的動員，是優勢但也同時是一大缺點。反階級公民動員的組織零散，力量隨著時間衰弱。

最近幾年來，爭取民主的大規模示威動員在全球各地連串出現。儘管社會、經濟與政治背景不盡相同，在社群網絡的輔助下，在香港、臺灣，或是在眾多阿拉伯國家發生的公民運動，共同突顯了跨國公民權的興起。換句話說，各國中央權力所必須面對的公民壓力，不再局限於國境之內，而是一股透過個人串連的跨國推力。

電信科技的革新在公共空間造成兩項重要的改變。首先，由於吸收、傳遞大量的訊息和觀點，每個人表達自己意見的能力顯著增加。若把個人視為公民，個人的串連看作公民團體，新的公民力量已達到足夠規模，可自發性地捍衛公共利益。其次，社群網絡加深個人和團體的相互依賴性，其範圍更橫跨全球。若察覺到我們捍衛的價值遭受威脅，就算發生在世界的另一邊，都可能激起我們做出立即的反應。再加上旁人快速的支持，如按讚、分享或是留言評論，產生一種激勵的情緒，讓反應的意志更具正當性。

因此，在香港警方對學生作出暴力壓制之後，我們不需要太驚訝一連串的國際性動員得以迅速地舉行。10 月 1 日，支持香港民主運動的遊行，在全世界超過 60 個城市接力展開，每場有超過上百、甚至是上千名參與者。除了民間支持，眾多的西方政治領袖與聯合國秘書長潘基文也表達了他們的關切之意。面對國際上的壓力，中國外交部長王毅在華盛頓進行正式訪問時，甚至重申了不介入他國內政的外交原則。

然而，香港的民主動員隨著時間逐漸衰弱，北京當局卻仍然堅持香港行政首長選舉的改革案。這代表了列寧式、不透明的幹部委任制度(nomenklatura)進入香港政治體系。

值得注意的是，這項制度的施行和中國新領導人上台的時間點有直接關係。自 2012 年上台以來，習近平必須優先鞏固自己的權威，為 2017 年開始的第二個任期打下無可撼動的政治實力。此外，儘管中共高層採取集體領導的制度，對外永遠表達一致的立場，但其實決策核心仍然存在歧見。面對對改革開放持較肯定態度的國務院總理李克強，中國最高領導人習近平必須持續堅持他的路線。因此，在習近平試著建立自己權威的同時，任何民主訴求都必須被壓制，甚至摧毀。

## 參考資料


Cabestan Jean-Pierre, « Hong Kong : comprendre la révolution des parapluies», *Le Figaro*, 10 oct. 2014.

Cabestan Jean-Pierre, *Le Système politique chinois : Un nouvel équilibre autoritaire*, Paris, Presses de Science Po, 2014.

Musso Pierre, *Télécommunications et philosophies des réseaux : La Postérité paradoxale de Saint-Simon*, Paris, PUF, 1997.

Rosenau James N., *Turbulence in World Politics: A Theory of Change and Continuity*, Princeton, Princeton University Press, 1990.

# 第　三　章

# 商業生態體系的權威

# PC 產業的全球生產結構重組

## Microsoft必須面對的企業轉型

**Justin Chiu**

邱崇軒譯

2014 年 2 月 21 日

2014 年 2 月 4 日，薩帝亞・納德拉(Satya Nadella)接替史蒂夫・巴爾莫(Steve Ballmer)，成為美國跨國電腦集團微軟(Microsoft)的第三任執行長。至於集團的創辦人，比爾・蓋茲(Bill Gates)，則辭去董事會主席的職位，但他同時宣布此後將以科技顧問的身分更加投入公司事務。實際上，依據微軟目前面對的困境，一般認為新的執行長人選將來自集團外部，以期待他能更有魄力徹底改變公司的策略。當然，這項內部提名的人事案展現了微軟拓展個人電腦以外業務的決心，在此之前，納德拉是雲端服務(Cloud &

entreprise)的負責人，集團內唯一營收保持高度成長的部門。然而，最近幾年來，微軟最大的弱點即反映在它沒有能力創造驚喜，以及它過於緩慢的決策過程。

1981 年，IBM 電腦公司生產了首個獲得商業成功的個人電腦——IBM PC，賣出數百萬台。由於 IBM 選擇了微軟的作業系統(DOS/Windows)和英特爾(Intel)的微處理器(Intel 8088)，也因此促成這兩家公司的快速發展。實際上，靠著這兩項產品，微軟和英特爾共同掌控了個人電腦結構(PC Architecture)。自 1980 年以來，微軟和英特爾即協調出一致的行銷策略，如同時推出新一代的產品。也因此，迫使其他電腦零組件製造商必須追隨這兩家集團產品不斷提高的標準和效能。如此一來，微軟和英特爾的結盟(Wintel)促使整個電腦產業能持續創新，同時讓微軟和英特爾取得市場獨佔的地位。然而，在激烈的競爭下，零組件製造業者必須持續降低製造成本。因此，若以同樣的規格相比，裝載 Windows 系統的個人電腦將比掌控全部生產線的 Apple 電腦公司的產品便宜，而這也更加鞏固微軟的獨佔地位。

微軟現在能夠成功地在全球市場販售軟體商品，美國政府其實扮演了重要的角色。實際上，自 1980 年以來，美國政府對智慧財產權的保護不遺餘力，不論是在多邊協議場合，如 1994 年在世界貿易組織(WTO)達成的「與貿易有關的智慧財產權協議」(Agreement on Trade-Related Aspects of Intellectual Property Rights, TRIPS)，抑或是利用雙邊協商，如要求中國執行更嚴格的智慧財產權規範。

全世界十台個人電腦中仍有九台裝載 Windows 作業系統，正由於微軟在市場的獨佔地位，集團每年的營收驚人，2013 年的稅前盈餘約達 270 億美元。但不可否認地，微軟已經失去創新的企業形象。究其原因，社群服務網站讓即時訊息軟體 MSN 劃下終點；它開發的搜索引擎 Bing，不但無法和 Google 競爭，更成為鉅額虧損的錢坑，在 2005 年至 2011 年之間損失達 90 億美元。此外，在雲端運算(cloud computing)服務領域，則是另一個美國跨國公司 Amazon 取得優勢。最後，Google 和 Apple 已經在智慧型手機和平板電腦產品上成功發展出各自的經濟體系，然而微軟和英特爾卻遲遲無法在這個重要市場取得成績。

**一、數位革命的創造性破壞**。創造性破壞的概念由熊彼特(Schumpeter)提出，他指出在工業變革的過程，一個產業領域中新創的經濟活動將導致舊存活動面臨淘汰的命運。依照這位經濟學家的看法，有好幾類的創新將促成這個變革，如創新產品的上市、製造或管理方式的革新，以及新市場的開發等。

**二、生產結構的掌控。**二十多年來，憑藉兩個公司共同開發的科技規範和標準，微軟和英特爾的結盟統制了全球個人電腦市場。然而，Wintel 聯盟對零組件製造業者所施加的結構性權力(structural power)——由 Susan Strange 所提出——現在已經大幅衰弱。實際上，微軟和英特爾已經無法要求全球其他業者遵守他們訂定的生產規則，尤其在一連串的失敗之後，微軟已經失去領導創新的企業形象。

電腦和電信科學自 1990 年代即開始接觸、融合，進而促成智慧型手機和平板電腦這類全球性商品的出現。儘管電腦產業現在已成為高科技領域中的傳統產業，仍然能夠對抗這個數位浪潮，相關業者必須加強創新並同時投入其他領域，以延後電腦業的衰退。

可以確定的是，納德拉的任命案旨在鞏固微軟為公司企業和公共行政單位提供的線上資訊服務，也就是雲端運算的業務。接下來，這位新任執行長必須完成由巴爾莫在 2013 年 12 月開啟的 Nokia 行動電話部門的併購案。然而，微軟和 Nokia 這兩家過去最知名科技公司的結合，似乎難以讓人相信他們能生產出吸引人的智慧型手機商品。因為智慧型手機已成為每個人日常生活中最核心的親密物品，每個消費者在選購時會同時考量到商品是否符合他們的身分地位，以及產品反映出的象徵價值。此外，微軟不會單純為了增加市占而投入低階產品。正因為售價過高，微軟於 2012 年自行開發的平板電腦 Surface，並未達到預期的銷售目標。更重要的是，微軟和英特爾猶疑投入智慧型手機和平板電腦領域所造成的落後，讓它們無法成為產業的領導者。

此外，自 2012 年 10 月發行以來，微軟最新的作業系統 Windows 8 既沒有得到使用者的認可，也沒有促成電腦設備更新的風潮。這個前所未見的現象讓全球電腦業者大失所望，宏碁集團創辦人施振榮甚至說「Wintel 注定將走向失敗」。電腦製造業者和各大品牌過去一向是微軟的忠實夥伴，但現在部分業者更期待和其他網絡巨擘，如 Google 或 Amazon 一同合作。Google 目前已經和亞洲最重要的電腦品牌共同推出商品，例如和韓國 Samsung、臺灣 Acer 開發的個人電腦 Chromebook，或是和韓國 LG 與臺灣 Asus 開發的智慧型手機和平板電腦 Nexus 系列商品。

最後，就算微軟已經失去領導創新的企業形象以及施加在電腦製造業者的結構性權力，值得留意的是，其他美國網絡巨擘接替了微軟的地位，並持續了美國在全球創新的領先優勢。到目前為止，僅有 Apple、Amazon、Facebook 和 Google 能在新一代科技的基礎上發展出可靠的經濟體系，並且有足夠能力影響全球其他業者。

## 參考資料

Chiu Justin, « 行動通訊領域的全球無政府狀態：智慧型手機大廠間的專利戰 », in : Josepha Laroche (Éd.), *跨國主義分析全球局勢：法國觀點 2012*, Taipei, Airiti Press, 2013, pp. 139-146.

Kim Sangbae, Hart J. A., « The Global Political Economy of Wintelism: A New Mode of Power and Governance in the Global Computer Industry », in : Rosenau James, Singh J. P. (Éds.), *Information Technologies and Global Politics, The Changing Scope of Power and Governance*, Albany, State University of New York Press, 2002, pp. 143-168.

Laroche Josepha, « L'Économie politique internationale », in : Balzacq T., Ramel F. (Éds.), *Traité de relations internationales*, Paris, Presses de Science Po, 2013, pp. 631-659.

*Le Monde*, « Avec Satya Nadella, Microsoft mise sur l'après-PC », 5 fév. 2014.

Reich Robert, *The Works of Nations. Preparing Ourselves for 21st-Century Capitalism*, New York, Vintage Books Edition, 1992.

Schumpeter Joseph, *Capitalism, Socialism and Democracy*, [1943], Londres, Routledge, 2010.

Stopford John, Strange Susan, Henley John., *Rival States, Rival Firms: Competition for World Market Shares*, Cambridge, Cambridge University Press, 1991.

Strange Susan, *States and Markets: An Introduction to International Political Economy*, Londres, Pinter, 2e éd, 1994.

# 以智慧財產權作為商業利器

## Google將摩托羅拉行動賣給聯想

**Robin Baraud**

趙偉婷譯

2014 年 3 月 6 日

2014 年 1 月 29 日，Google 宣布將旗下的摩托羅拉行動(Motorola Mobility)以僅僅 29 億 1 千萬美元的價格賣給了聯想(Lenovo)。然而，Google 在 2012 年時是以 125 億美元購入。即便經過大幅裁員，Motorola 仍然無法重新奪回市占率。將此一行動電話領導先驅售出的行為，乍看之下是件賠本生意，但此看法需重新評估，因為 Motorola 所持有的 17,000 項專利，最終只有 2,000 項會轉移給聯想。另外，聯想也將受惠於另外 15,000 項專利的部分協議。

聯想在2005年收購IBM筆記型電腦部門後開始享有盛名，該筆交易金額在當時被認為高出其本身價值三倍以上。2013 年年中，在艱辛地完成服務整併以及更換領導者後，聯想已經成為世界第一大的筆記型電腦生產製造商。從一開始，該公司就希望藉由此併購行動，除了獲得 IBM 的技術轉移，進一步透過 ThinkPad 等品牌形象在歐美市場建立地位。

目前，全世界大約 70%智慧型手機都配備以 Android 為基礎所發展的作業系統。這是由 Google 提供給製造商的基礎軟體，製造商可以依照不同產品需求調整作業系統。Google 的合作廠商，包括臺灣宏達電(HTC)、日本索尼(Sony)與南韓三星(Samsung)，對於 2012 年的 Motorola 採購案都十分憂心，害怕此品牌最後可能成為唯一配備 Android 系統的智慧型手機。Google 從 2010 年開始與各製造商合作（一開始與 HTC，之後和三星以及 Asus 和 LG）推出一系列高階低價的智慧型手機以及平板電腦，配備無法修改的 Android 作業系統。對此，各廠商皆認為 Google 在策略上企圖將它們驅逐。

在 Google 與主要競爭對手的電子書大戰中，也將會用到 Motorola 專利。2012 年 2 月 27 日，它與蘋果(Apple)的訴訟官司敗訴。這項法律行動要求 Apple 在市場上收回使用 iPad 和 iPhone，因為它們使用了幾項 Motorola 所持有的工業專利。然而，他們清楚地知道本身的控制權。事實上，在 Android 的每一個終端銷售中，製造商必須支付給 Google 約 5 到 15 美元，以分擔專利發明的成本。

通過收購 Motorola 行動，聯想在智慧手機的製造商世界排名中已從第五名上升到第三名，僅次於 Apple 和三星。目前，一系列低階產品已在中國市場打下根基，它更計劃投資中階系列產品，預計 2014 年在美洲與歐洲市場上推出。在此情況下，Motorola 的品牌形象及重要性都有利於其接近市場。換句話說，技術轉移在本次交易中似乎是一個次要優先選項。然而，2014 年 1 月 23 日星期四，技術轉移卻是聯想花 2.3 億美元，收購 IBM 低階伺服器業務的主要目的。與收購 Motorola 行動的原因相似，聯想曾在 2013 年表示想收購黑莓機(Blackberry)的意願。但由於害怕該公司將成為中國國籍，此項目標被加拿大當局所禁止。

**一、智慧財產權作為國際競爭的工具。**世界貿易自由化與智慧財產權保護國家立法的一致化(homogénéisation)同時併行。此一致化允許企業持有專利，在法律上禁止其競爭者生產相同性的產品（包含物質性或是非物質性）。

二、跨國企業追求壟斷營利。在單一經濟強權壟斷情況下，顧名思義，同業中沒有需要擔心的競爭者。因此，它不需去獲得相對的優勢利益，而是繼續努力維持單方的霸主支配地位。事實上，維持市場競爭力的代價高昂，這也是為什麼建立壟斷以增加盈利被視為是合理的。

世界貿易組織(WTO)所捍衛的保護私有財產典則允許了在科技專利上建立霸權。目的在確保企業於研究與開發上的投資報酬。這項試圖鼓勵創新與進步的世界經濟控制措施，確立了完全競爭性的理想類型不存在。在行動電話領域中，這些規範已促成由跨國公司所組成的寡頭政治浮現。這些公司受利於龐大的財政收益，在產品開發上能持有或可協商使用多項專列產品。

這些有利於手機應用開發的工業產權可以被歸類為兩大類。第一類是在硬體方面的物質部分；第二類則是確保功能作用的軟體部分。目前，在智慧型手機上的競爭聚焦於第二類。儘管對目前現存技術的些微貢獻（以蘋果觸碰式滑動解鎖為例），但由於電池容量難以改變，手機零組件個別性能的提升仍有很大的限制性。

目前 Google 幾乎完全定位在軟體開發，並善用此優勢。採用 Android 系統的手機製造者為了脫穎而出，分別開發越趨先進的輔助功能。一些手機廠商如三星，就推出以追蹤使用者眼球滾動來操控手機的懸浮式翻頁功能。

但此做法逐漸地掩蓋了以 Android 作為基礎的軟體，使得消費者難以辨認。這似乎為 Google 帶來困擾，因其正在準備推行以收集與分析個人資料數據產品的商業模式（Gmail、GoogleMaps、Google Calendar 等等）卻因此不再被應用。然而，其原則目標仍維持在建立產品相關規範，如同微軟能夠操控電腦系統一般。如此一個全球性系統的利益來自於，在大多數使用者都已經習慣作業系統的背景下，其他的競爭將難以匹敵。換句話說，此壟斷情況將帶來令人滿意的收益。

透過獲得 Motorola 專利，Google 強化了智慧手機作業系統開發上壟斷的能力。所帶來的成果將會是雙倍的。首先，由於創新上的高成本與艱難，Google 將繼續維持競爭者挑戰的困難度。再來，在 Android 作業系統上也增加了合作夥伴對它的依賴。

除了 Motorola 品牌外，聯想更獲得有價值的技術知識，並得利於透過新的子公司適當地融入美國市場。中國身為 WTO 會員國，事實上其企業無可避免地必須取得眾多專利才能進入其他國家市場，行動電話便是一個例子。

# 參考資料

Andreff Wladimir (Éd.), *La mondialisation, stade suprême du capitalisme ? Mélanges en hommage à Charles-Albert Michalet*, Paris, PUN, 2013.

Chiu Justin, « 行動通訊領域的全球無政府狀態：智慧型手機大廠間的專利戰 », in : Josepha Laroche (Éd.), *跨國主義分析全球局勢：法國觀點 2012*, Taipei, Airiti Press, 2013, pp. 139-146.

*Le Monde*, « Google revend Motorola au chinois Lenovo mais garde les brevets », 30 janvier 2014.

# 蘋果與三星之間的競爭與合作

## 專利訴訟協商失敗

Adrien Cherqui

邱崇軒譯

2014 年 3 月 10 日

2014 年 2 月 19 日，是蘋果和三星這兩個手機大廠必須協調出一項協議的期限。聖地牙哥法院於 2014 年 1 月提出這項協商要求，希望能找出折衷辦法以避免兩大集團再次提出訴訟。

依據科技產業市場研究機構 IDC 的資料，2013 年全球共賣出超過 10 億台智慧型手機，較 2012 年成長 38%。加上 2013 年的市占率來看，三星共計賣出 3 億 1,390 台，市占達到 31%；蘋果共賣出 1 億 5,340 萬台 iPhone，達到

15.3%。排名第三的是中國品牌華為，賣出 4,880 萬台，市占率達到 4.9%，但仍遠遠落後前兩大品牌。

自 1983 年 3 月 6 日，Motorola 創立第一個無線通訊系統後，行動通訊科技即在各項規範、技術的累積下逐漸發展。行動電話在 1990 年代普及、GSM(Global System for Mobile Communication)標準在全球成為規範，再加上 3G、4G 技術的發展，造成各項行動服務，如影音資料閱覽、應用程式以及上網功能，全然整合在智慧型手機上。儘管這些技術變革近年來徹底改變了電信領域，但不變的是它持續由少數幾個業者獨佔。諾基亞、華為、三星、樂金以及蘋果(於 2007 年推出的第一代 iPhone 帶動智慧型手機的需求）共同組成這個獨佔體系。但也因此，各大廠間競爭激烈，尤其在研發的投資方面。於是，激烈的產品競爭造成手機製造業者必須違法使用對方研發出的專利。

自 2011 年 4 月以來，三星和蘋果這兩大手機廠針對多項專利進行國際訴訟。其中最知名的審判結果仍是 2012 年 8 月三星被裁定必須賠償 10 億美金，以補償蘋果 iPhone 和 iPad 所遭受的專利損失。在司法訴訟過程中，三星譴責蘋果擅用屬於三星的規範和技術專利。而蘋果則認為三星的 Galaxy S 和 Galaxy Tab 系列產品抄襲 iPhone 和 iPad 的介面和外型設計。而除了這兩家公司的訴訟競爭之外，背後其實更牽涉了手機作業系統研發者的競爭，亦即蘋果使用的 iOS 作業系統，以及由 Google 研發、大部分三星手機裝載的 Android 系統。

2013 年 6 月，兩大行動電話廠的司法戰爭被帶入美國國際貿易委員會 (United States International Trade Commission, USITC)。這個裁判貿易衝突的美國聯邦機構認定蘋果曾違背三星的一項重要智慧財產。美國國際貿易委員會因此禁止蘋果進口和販售與這項技術相關的無線通訊工具和移動音樂服務。然而，這項裁定從未被執行。實際上，2013 年 8 月 3 日，美國總統歐巴馬和美國政府片面否決這項裁定，而這甚至造成韓國主管單位的激烈反應。

**一、行動通訊技術的跨國化**。跨國企業為了滿足其特有的生產模式需求，必須在研發層面相互合作。互相競爭的對手必須整合，以共享資源、降低成本並提高生產力。

**二、跨國企業的結構性權力**。高科技企業在全球舞台上扮演重要的角色，更擁有決定產業未來趨勢的主導權力。這個「結構性的改變」（如引用 Susan Strange 的概念）將描繪並決定全球經濟的結構，而當中的其他成員只能依據改變而行動。

行動電話是當前成長最快的產業，眾多不同產業的行為者在其中相互交流。其中有三大產業逐漸整合：行動電話、硬體以及軟體。全球化進程和創新科技的快速發展促使這些業者共同運作出新的經濟模式。然而，新經濟模式的成功與否，關鍵在於是否能維持產業的成長、呼應市場的需求，並保持競爭力。此外，過去為國內市場需求為依據的生產模式也轉變成為依據全球市場的需求。這個由全球化所造成的「結構性的改變」促使行動通訊產業的跨國化，更是三星和蘋果間錯綜複雜關係的根源。

不管是在個人電腦、平板電腦或是智慧型手機的各個生產製造環節，三星擁有比蘋果更多的經驗。不管是處理器、螢幕和軟體，三星擁有足夠的資源生產高科技產品，並且實際上也是產業的領導者。儘管這個南韓企業是蘋果的主要競爭對手，雙方卻矛盾地必須在某些領域進行合作。最顯著的例子如 iPad 2 和 iPhone 4S 裝載的 A5 處理器，儘管由蘋果設計，卻是三星負責生產。此外，蘋果未來產品使用的 A8 處理器，將由台積電製造。然而，蘋果不會完全捨棄三星，以避免零組件供應匱乏的情況，何況三星的處理器未來仍將保有全球 30–40%的產量。

在行動電話和平板電腦領域，同業間的相互依賴成為硬體生產的特徵。也就是說，三星向蘋果提供工業生產的技術，而蘋果替三星開發新市場。美國經濟學家 John Dunning 稱這個現象為資本主義結盟。因此，既競爭又合作成為企業間新的一種關係。

這個模式的生產機制不可避免的造成科技的傳遞，但也同時促成行動電話產業內各行為者權力的重新分配。此外，激烈競爭造成業者無法避免地使用某些特定的標準性專利。這個違背競爭對手專利的行為卻在業界成為常態。在訴訟的初期，三星不斷提出某些關於 3G 規範的專利應該成為產業的「基礎標準專利」(standard essential patents)。然而，侵害科技性專利的行為若依據社會學家 Ulrich Beck 的意見，應屬於私法範疇。兩個對立的論點突顯出國家沒有足夠能力處理這個爭議以及國家立法權力的不足。

## 參考資料

Balzacq Thierry, Ramel Frédéric (Éds.), *Traité de relations internationales*, Paris, Presses de Science Po, 2013.

Laroche Josepha (Éd.), *跨國主義分析全球局勢：法國觀點 2012*, Taipei, Airiti Press, 2013.

*Le Monde*, « Brevets : Apple et Samsung échouent à s'entendre aux États-Unis », 23 février 2014, disponible à l'adresse suivante : http://www.lemonde.fr/technologies/article/2014/02/23/brevets-apple-et-samsung-echouent-a-s-entendre-aux-etats-unis_4371831_651865.html

Mosca Marco, « Les tops et les flops du marché des smartphones en 2013 », *Challenges*, 28 janvier 2014, disponible à la page : http://www.challenges.fr/high-tech/20140128.CHA9712/samsung-apple-huawei-lg-les-tops-et-les-flops-du-marche-des-smartphones-en-2013.html

Strange Susan, Stopford John, Henley John S., *Rival States, Rival Firms: Competition for World Market Shares*, Cambridge, Cambridge University Press, 1991.

Strange Susan, *Le Retrait de l'État. La dispersion du pouvoir dans l'économie mondiale*, trad., Paris, Temps Présent, 2011.

Strange Susan, « States, Firms and Diplomacy », *International Affairs*, 68 (1), 1992, pp. 1-15.

# 一場市場行銷的全球儀式

## 蘋果iPhone 6產品發表會

**Justin Chiu**

邱崇軒譯

2014 年 10 月 28 日

2014 年 9 月 9 日，為了參加 iPhone 6 的產品發表會，來自全球各國的重要媒體以及 3C 科技記者齊聚位於加州庫比蒂諾(Cupertino)的佛林特表演藝術中心(Flint Center)。這場盛大的儀式由蘋果的執行長提姆・庫克(Tim Cook)主持，並透過網路同步轉播。此外，眾多名人共襄盛舉，歌手 Gwen Stefani 和 Dr. Dre 更特地搭乘私人專機前來，歌手李玟進場時，蘋果在官方網站上更公開歡迎這位在亞洲相當受歡迎的藝人。然而，儘管一般認為並未推出重要的創新突破，iPhone 6 仍然受到滿場觀眾熱烈歡呼。

1984年，蘋果電腦的創辦者賈伯斯(Steve Jobs)即是在這同一個知名的展演廳發表第一台麥金塔電腦。結合幽默語氣和誇大的形容詞，賈伯斯成功地吸引了出席這場活動的蘋果股東的注意力。在電影火戰車的配樂催化下，當賈伯斯介紹產品時，台下觀眾不斷發出驚嘆聲且持續熱烈鼓掌。其實，從蘋果推出第一台個人電腦以來，所販售的不僅是一個「瘋狂偉大」(insanely great)的商品——當時發表會的標語——更包含消費者預期可能享受到的特殊經驗。也因此，蘋果產品的消費者為了得到與眾不同的使用經驗，願意出更多錢。

2001年，蘋果推出iPod並正式投入競爭激烈的消費性電子產品市場。蘋果的隨身音樂播放器明確地定位為高階商品，在當時即成為眾多人渴望得到的物品，甚至變成中產階級休閒娛樂的象徵。此外，必須透過預先裝置在電腦內的軟體iTunes才能使用iPod。因此，工作用途的Mac電腦和休閒用途的iPod互相結合。由於使用的頻率和時間增加，蘋果產品使用者的品牌忠誠度也在無形中提高。再者，由賈伯斯主持的keynote（蘋果新產品的發表會），年復一年召開，逐漸成為全球蘋果迷不可錯過的盛事。

2007 年，蘋果推出了第一代 iPhone，這個賈伯斯眼中的革命性商品。至今，蘋果共計發表了十款不同的智慧型手機。在 2013 年，蘋果是全球第二大智慧型手機製造商，共賣出 1 億 5,340 萬台，落後南韓三星。然而，僅靠 15.3% 的市占率，蘋果卻獲得全球手機市場利潤的 60%，大約 1,290 億美元（Asymco 市場研究公司）。面對新興的手機製造業者，蘋果選擇不和他們打價格戰。其實 iPhone 6 與 iPhone 6 Plus 成為不折不扣的奢侈品，最貴的一款甚至超過 1,000 歐元。

**一、籌辦全球規模的宣傳活動。**自從第一代 iPhone 上市以來，蘋果的產品發表會逐漸成為一項重要的全球表演。起先由具領袖魅力的賈伯斯主持，之後交棒給現任執行長庫克，這些經由網路同步轉播的儀式，即時展現了蘋果作為跨國企業的經濟、文化權力，以及對全球記者和消費者的號召力。儘管活動看來輕鬆不拘謹，其實每一場發表會都經過仔細的規劃和準備。現場沒有即興發揮的空間：每個畫面、每個手勢、動作都是經過仔細計算與推演排練，只為了呈現出一個完美的氛圍。

**二、漸進型創新的普遍應用。**iPhone 6 並不是一項革命性商品，因為就前一代 iPhone 來說僅有兩項主要的技術突破：處理器更強與螢幕更大。但是，蘋果的實力即在於它能持續不斷地推出較上一代更好的商品，並且開拓新的商業活動。因此，並不僅是智慧型手機技術層面的相關產業能得利於新一代產品所帶來的創新，而是整個生產結構，乃至於相關服務產業均能藉此獲利。如果數位革命首先必須經歷「科技進步加快」的過程，我們因此該關注蘋果是如何透過每一代的 iPhone，逐步打造出專有的經濟體系。

和其他全球規模的活動相比，蘋果新產品發表會 Keynote 的本質非常地不同。過去，全球性活動不是由國家舉辦，如皇室婚禮，即是由國際組織舉辦，如奧運會。然而，在此一案例中卻是一個私人行為者，一間私人企業，利用它的財力和無形象徵性資源籌劃一場跨越國界的表演。過去三十年來，蘋果成功地把產品記者會塑造成令人屏息以待的舞台秀。當然，賈伯斯的個人特質對此有重要的貢獻：他的個人魅力和說服群眾的高超技巧和蘋果的品牌聲譽有密不可分的關係。實際上，出席的記者和名人都等著被產品發表會的氣氛吸引、催眠，期望如此之大，使他們在活動開始之前就提前進入著迷的狀態。正是因為 iPhone 被賦予除了產品硬體以外的無形價值，取得 iPhone

如同提升自己的社會地位；對他人展示這個令人渴望的物品，如同以炫耀的方式展示自己的權勢。更有消費者購買iPhone，就是因為它的售價比其他廠牌的智慧型手機高出許多。

蘋果產品的消費者尋找一種特殊且屬於個人的使用經驗。在所有智慧型手機廠牌中，唯有蘋果走高級品牌的路線，但也因此，使用者對蘋果產品更容易產生自我投射的情感。蘋果的這項策略不僅可以提高產品的利潤，更同時加強購買者對品牌的忠誠度。藉由以 iTunes 和 App Store 為核心的封閉系統，使用者必須同時擁有 Mac、iPhone 以及 iPad，才能讓每個終端機發揮最大的功用。因此，為了避免任何操作困難、系統不相容，或是害怕退出蘋果社群可能遭受的心理和社會地位損失，僅有少數蘋果產品的使用者思考過購買其他品牌。

如同其他資本主義組織和企業，蘋果創新是為了爭取日後更多的獲利。然而，在全球電信業去管制化的背景下，如華為和小米等採取低價策略的中國企業的出現，造成競爭日益激烈。這情況導致各家電信業者把研發的資源使用在應用研究上，挹注中短期的計畫，而忽略需要長時間才看得出成果的基礎研究。因此，儘管未取得重要的科技突破，各大品牌仍不斷更新產品線。於是，智慧型手機的生命週期不斷縮短，而消費者卻被迫要購買最新一代的產品。然而，隨著近十年來累積的各個小型技術創新，智慧型手機確實大幅度地改變了我們的生活方式。

在 iPhone 6 的發表會上，蘋果也介紹了一項非接觸式行動付款服務 Apple Pay。其實，三星和索尼之前已經在它們的手機上加載這項技術，但使用率不如預期。然而，我們可預期這項服務將因為 iPhone 6 的上市，逐漸成為一般的付款方式。事實上，自 iPod、iPhone 與 iPad 逐一面市以來，蘋果強過其他品牌的地方即在於它不僅熟稔各項技術的應用與宣傳，更可以冀望忠誠蘋果迷準備好體驗蘋果推出的各項服務。

## 參考資料

Chiu Justin, « 行動通訊領域的全球無政府狀態：智慧型手機大廠間的專利戰 », in : Josepha Laroche (Éd.), *跨國主義分析全球局勢：法國觀點 2012*, Taipei, Airiti Press, 2013, pp. 139-146.

Dayan Daniel, Katz Elihu, La *Télévision cérémonielle : anthropologie et histoire en direct*, trad., Paris, PUF, 1996.

*Le Monde*, « La grande et les petites révolutions d'Apple », 11 sept. 2014.

Lorenzi Jean-Hervé et Villemeur Alain (Éds.), *L'Innovation au cœur de la nouvelle croissance*, Paris, Economica, 2009.

Strange Susan, *Mad Money*, Manchester, Manchester University Press, 1998.

Strange Susan, *States and Markets: An Introduction to International Political Economy*, Londres, Pinter, 2e éd, 1994.

Veblen Thorstein, *The Theory of the Leisure Class*, [1899], New York, Dover Publications, 1994.

# Sony 面對後國際體系時代的攻擊

## 《名嘴出任務》與北韓駭客入侵

**Alexandre Bohas**

邱崇軒譯

2013 年 11 月 20 日

製作拍攝《名嘴出任務》(*The Interview*)的索尼公司(Sony)日前承認遭受駭客攻擊。這部電影以戲謔的風格呈現北韓政權，劇情更以謀殺現任總統金正恩為主軸。早前，索尼公司的資訊系統被駭客入侵，機密訊息遭洩。至此為止，索尼暫停這部影片作院線放映。

索尼影業——被日本索尼併購前稱為哥倫比亞三星電影公司(Columbia-Tristar)——於 2014 年製作了一部嘲諷北韓政權的喜劇片，由 Seth Rogen 與 Evan Goldberg 導演。這部電影描述兩位記者在與北韓的極權領導人進行訪談之後，被指派任務必須暗殺他。這部電影原計畫在 2014 年秋天上映，但早在六月，北韓即表達強烈的抗議，甚至威脅美國將作出猛烈的報復行動。

今年 11 月時，索尼影視娛樂公司的資訊系統遭到自稱「和平衛士」(Guardians of Peace)的駭客組織攻擊。根據 FBI 的說法，此一駭客組織和北韓政府有一定的關係。駭客攻擊造成許多重要資料的外洩，如索尼公司尚未發行的電影資訊、最高管理階層人士的薪資，以及他們的電郵通訊內容。此外，和平衛士更威脅將對放映此部電影的戲院進行恐怖攻擊。這些威脅造成多家電影院線公司取消《名嘴出任務》的上映規劃，索尼影業隨後也主動暫停電影在院線上映，並選擇做網路發行。索尼的這項決定受到各方批評，包括美國總統歐巴馬。

**一、後國際體系時代來臨。**世界體系同時經歷整合與分裂兩個矛盾的演變過程，但可以肯定的是，以 1648 年的西發里亞和約(Traités de Westphalie)為基礎，僅由主權國家構成的國際體系時代已經結束了。今日，國際體系的特徵在於由眾多本質不同的行為者共同構成，它們部分重疊的身分認同與持續分化的忠誠。我們甚至可以延續 James

Rosenau、Yale Ferguson 與 Richard Mansbach 的研究途徑，使用如「政治組織」(polities)與政治空間等概念，以更廣泛地定義國際體系。

**二、文化政治經濟學。**由於文化與社會現象的不可分離，文化政治經濟學將可豐富國際關係的研究，因為此一新的學術領域探討了可能引發跨國現象的象徵符號和意識形態對立。使用這個研究方法，群體呈現不僅反映了社會本身，更探討群體呈現該如何被觀察，甚至如何形成。因此，從事文化的研究，無可避免地必須釐清象徵性資源的大規模傳播和取得的過程，這對國際舞台上每一個行為者來說都是一個關鍵的課題。

北韓政權以鐵血統治以及和外界幾乎切斷交流聞名，然而，儘管有能力掌控資訊的傳播和通訊管道，北韓政府仍擔憂這部嘲諷電影可能造成國內的不安。此外，如果本部電影在國際上受到歡迎，影響所及遠超過電影創作、製作的所在地美國，世界各國觀眾將塑造出對北韓的集體呈現，尤其是對北韓嘲諷、負面的印象。但其實北韓政府也曾利用電影作為政治與文化宣傳的工具。現任領導人的父親——金正日曾經推動許多大製作電影，如 2000 年上映的 "*Souls Protest*"，但在北韓以外的電影市場並未獲得成功。

數位時代讓這些已經存在的衝突更加明顯，甚至加劇。不論是集權國家或民主國家都曾經遭受或發動網路攻擊，有時甚至尋求職業駭客的協助，如 Anonymous（匿名者）這個沒有領導者的組織。在網路攻擊方面，北韓籌組了一支包含大概三千名專家的菁英部隊。瞄準的對象包括私領域（重要媒體的網站）或是公部門的內部網絡，如美國國務院。攻擊的方式和目的不盡相同，如癱瘓該組織的運作，破壞其名聲，竊取機密文件，讓被駭者造成實質的經濟損失、象徵性損失，或是政治性的損失。

在索尼這次的例子，除了造成《名嘴出任務》這部電影無法作院線放映的票房損失以外，駭客還公布了索尼的機密資料，以及高級主管之間的電子郵件。尤其，被公開的信件中不乏種族歧視與主管間不正當和互相輕視的內容。此外，不久之前，索尼才經歷 Playstation 網絡的嚴重攻擊。因此，在這起衝突中，我們觀察到的不再是傳統的國家間衝突，兩國軍隊在戰場上廝殺，而與現實主義理論學家關注的現象大不相同。

相反地，我們觀察到的是由一個在全球行銷並有美國政府支持的好萊塢電影公司，與一個可能由北韓政府支持的犯罪團體，兩者之間的衝突。這個不對等的對抗，造成大型國際影視企業因為害怕可能發生在電影院的爆炸攻擊，竟然屈服於不知名的駭客，而不顧美國政府的反對意見。我們現正經歷的即是國際體系的失序、「動盪」(turbulence)，如依照 Rosenau 的概念。少數個人的力量就足以撼動一個年營收 80 億美元的美國大企業的決定。這個例子突顯了現在的國際關係不再只是國與國政府之間的關係。

## 參考資料


Best Jacqueline, Paterson Matthew (Éds.), *Cultural Political Economy,* London, Routledge, 2010.

Ferguson Yale, Mansbach Richard, *A World of Polities. Essays on Global Politics*, Abingdon: Routledge, 2008.

Rosenau James N., *Turbulence in World Politics: A Theory of Change and Continuity*, Princeton, Princeton University Press, 1990.

Sum Ngai-Lim, Jessop Bob, *Towards A Cultural Political Economy. Putting Culture in its Place in Political Economy*, Cheltenham, E. Elgar Publishing, 2013.

# 第　四　章

# 全球公共財的商品化

# 因規避過失而喪失威信的國際組織

## 聯合國機構與海地霍亂疫情

Clément Paule

趙偉婷譯

2014 年 1 月 27 日

2014 年 1 月 12 日，海地共和國舉行大地震四周年追思會。此地震摧毀了太子港(Port-au-Prince)都會區及其周邊區域。然而，另一場有關公共衛生安全的災難從 2010 年底就已開始蔓延。此為一場霍亂疫情，目前已經造成伊斯帕尼奧拉島(Île d'Hispaniola)超過九萬人喪命。根據海地公共衛生與人口部報告指出，儘管三年來，國際組織和海地當局不斷做出努力，造成霍亂疫情的弧菌(vibrio cholerae)仍持續活躍於 20 個區域。雖然對抗此不確定致命性病毒的行動仍在組織中，但對於污染起源爭議已有所釐清，被懷疑是從 2004

年起聯合國穩定海地多邊維和行動(Mission des Nations unies pour la stabilisation en Haïti, MINUSTAH)中的尼泊爾籍士兵所造成。目前，面對當代最嚴重的霍亂疫情，聯合國需承擔的責任成為各方爭執辯論的重心。

此健康安全危機爆發於 2010 年秋季，在海地行政區中央，位於首都太子港東北方約 60 英哩的城鎮米勒巴萊(Mirebalais)附近。這一類在海地從未見過的疾病快速蔓延開來，海地公共衛生與人口部在 2010 年 11 月發佈此疾病危機已提升到國家安全等級。國際援助者的人道救援，在世界衛生組織(Organisation Mondiale de la Santé, OMS)、疾病管制與預防中心(Centers for Disease Control and Prevention, CDCP)以及無國界醫生(Médecins Sans Frontières, MSF)等非政府組織的領導下匯聚，並在海地全國佈署醫療救援中心。

海地當局似乎無法負荷緊接而來的緊急狀況，像是 11 月初托馬斯颶風侵襲該島，使得原本已不穩定的情勢更加岌岌可危。國內成千上萬流離失所的民眾，仍然生活在海地 211 大地震後集中於首都的帳棚內。在此種條件下，疫情很快的在海地擴散開來，隨後波及到尼加拉瓜共和國(約數萬名病例），以及影響程度較小的古巴。

針對霍亂弧菌起源問題，瞬間指向聯合國所派遣的，為了穩定海地情勢而駐紮於米雷巴萊的聯合國海地穩定任務軍事基地。在此背景下，針對該病源株菌種的調查已經被確定起源為亞洲的小川型霍亂弧菌(Sérotype O1 El Tor Ogawa)，由此推測是被傳入海地的。2010 年 12 月，由法國醫生所進行的傳染病學調查似乎證實，維和部隊營地的管道污水處理系統故障（此系統分包給海地的承包商），污染了海地最大河流阿蒂博尼特河(Artibonite)。經過幾個月的爭議，其他研究更進一步證實此假說，並有效排除了此疾病起因於氣候條件並從海岸開始擴展的研究報告。

目前，海地超過 6%的人口會受此疾病影響（約 70 萬件病例，並且數據可能被低估），疫情更可能反覆爆發，特別是在醫療設備不足、取得水源不易的偏遠地區。在此方面，根據公共衛生與人口部針對 2014 年 1 月第三週統計訊息指出：75 人住院治療，其中 3 人已經不敵霍亂弧菌身亡。儘管目前威脅似乎相對被控制住，此國仍處於需長期監控的狀態，並要多年甚至十年以上才能消滅此疾病，但國際緊急計畫卻因缺乏資金而停止。

**一、國際組織的卸責**。雖然聯合國系統(Système des Nations Unies, SNU)在第一時間忽視此爭議，其發言窗口面對問題的技術化已逐漸發展出溝通管道，但同時也隱晦的拒絕承擔各種形式的責任。

**二、無法控制局面的國家所提出的低調調解。**在此社會技術性爭議上長時間的停滯，海地政府最近企圖重新獲得控制權，通過提出一系列措施找出對抗公共健康危機的解決方式。

處於自2004年來就有外國軍隊進駐的敏感國家背景，受害者的動員組織圍繞在如霍亂受害者集體賠償組織(Collectif de Mobilisation pour le Dédommagement des Victimes du Choléra, COMODEVIC)，或霍亂受害人民團體(Moun Viktim Kolera, MOVIK)等行動。多個示威抗議行動同時在國內與紐約展開，要求聯合國在公開道歉形式下做出象徵性賠償，並且在物質上對於罹難者家屬個別賠償。

需注意的是，這些示威活動已經進入司法程序，包含了在2011年11月由兩個姊妹組織：由一名美國人權法律師所創立的非政府組織海地正義與民主組織(Institute for Justice and Democracy in Haiti, IJDH)，以及國際律師聯合會(Bureau des Avocats Internationaux, BAI)在地對應機構，代表5,000人提出申訴。兩年後，海地在紐約的律師採取了一個新方法來對抗聯合國，以要求賠償其人口。最後，在2013

年底由美國耶魯大學研究人員所作出一份沈重的報告，指控了 MINUSTAH 無論是在公共健康或是法律層面的罪行。

然而，在疫情爆發的初期，聯合國官員被限制採取系統性否認的策略：世界衛生組織與疾病管制中心的官員，將重點放在健康問題的技術處理層面，宣稱調查霍亂的起源並非優先處理事項。回想一下，當該國在競選期間，資金贊助者曾強烈支持快速組織運作總統選舉，其被認為在重建過程中是必要的。

但專家後續指控聯合國海地穩定任務罪行的研究，促使聯合國進行媒體和法律攻防戰。為了反駁海地律師團引用 2004 年聯合國和海地政府所簽署的駐軍地位協定(Status of Forces Agreement, SOFA)的指控（其中包含設立申訴委員會），聯合國 2013 年 2 月引用 1946 年公約第 29 條強調享有特權和豁免權。因此，海地的權利要求書不予受理：需注意的是聯合國秘書長潘基文談話時將重點放在對抗霍亂的 140 億投資，同時也含蓄的拒絕承認任何健康風險責任。

面對高度的爭議，海地政府被限制了好幾個月的沉默，這反應了其對國際的依賴，也凸顯了新總統和議會之間持續不斷的衝突。外交部長甚至在 2012 年 10 月宣布未持有任何關於聯合國部隊散播霍亂的證據。然而，2013 年秋天，在聯合國第68屆大會上，海地總理開始提出一項逆轉政策，以「道德責任」為由向聯合國提議創立一個共同委員會以尋求和解協議。

值得強調的是，此項膽怯的提議主要是依賴一個十年內 220 億美元的消除計畫，用途在建立高效的水運輸與污水排放系統，同時間藉由推廣口服疫苗控制疫情。然而，這些遲來的措施，將只會受到聯合國最高 1%的金融支助，聯合國更呼籲應由私部門或人道資本主義家來主導此計畫。聯合國所選擇的規避不罰策略，很有可能使其身敗名裂。在此情況下，海地霍亂醜聞顯示了聯合國僅把重點放在海地部分染病民眾，而忽略了必須對海地全國人民所應負擔的責任。

## 參考資料

Paule Clément, « La gestion capitaliste d'une catastrophe naturelle. Le deuxième anniversaire du séisme haïtien, 12 janvier 2012 », *Fil d'Ariane*, Chaos International, fév. 2012, consultable sur le site de Chaos International : http://www.chaos-international.org.

Transnational Development Clinic, Jerome N. Frank Legal Services Organization, Yale Law School, Global Health Justice Partnership of the Yale Law School and the Yale School of Public Health, Association Haïtienne de Droit de l'Environnement, « Peacekeeping Without Accountability. The United Nations' Responsibility for the Haitian Cholera Epidemic », août 2013, consultable à l'adresse web : http://www.yaleghjp.org [11 janvier 2014].

# 公共衛生領域投資人的撤資

## 世界愛滋日

**Michaël Cousin**

李若珊譯

2014 年 2 月 17 日

自 1988 年以來，每年的 12 月 1 日為世界愛滋病日。透過當日舉辦的各類活動，無論是公立或私立部門一起發布、宣導並宣傳有關此一大規模傳染病的最新演進以及重要決定。

在 2011 年，「向零邁進」成為主題口號。世界愛滋病日委員會發起一項雄心勃勃的全球抗愛滋病運動計畫，希望讓捐款人能預想在 2015 年達到「零 HIV 病毒新發感染、零歧視與零愛滋病相關死亡」。理論上，達到此一目標的必要條件是存在的。而事實上，科學家們不斷反覆審視各種治療方法與預防措施，如抗反轉物病毒藥凝膠與暴露後治療。此外，由於首批對抗愛滋藥物的專利權期限屆滿，以及創新型籌資機制的引進，如國際藥品採購機制稅收(Taxe UNITAID)——每張機票徵收 1 到 40 美元的小額課稅，促使雞尾酒療法的成本降低。

然而，現在只剩下幾個月來實現當初訂下的這三個目標。其中，最難的是消除對愛滋病患者的歧視。事實上，根據不同地區或國家的狀況，國際合作大抵嚴肅地看待並解決性別不平等的問題，但卻輕輕帶過、甚至避免性別少數族群、賣淫與毒品使用者等問題。然而，面對這些困境，由各國政府所組成的國際組織仍馬不停蹄地尋找資金。

在此企盼下，聯合國愛滋病聯合規畫署(ONUSIDA)，這個由聯合國和世界銀行(World Bank)共同提出並主導對抗愛滋病毒 / 愛滋病的計畫單位，宣布自 2014 年開始，訂定每年的 3 月 1 日為新的世界反歧視日，然而其他機構則是以青少年（10 至 19 歲）作為當日活動的主要訴求對象。例如世界衛生組織(WHO)把明年的目標擺在針對青少年族群的預防措施、治療與關懷服務。至於聯合國教育科學及文化組織(UNESCO)，在聯合國的建議下，以關注至少 95%的青少年性健康為目標，尤其針對這已肆虐三十餘年的病毒。然而，儘管各國對於愛滋防治的國內捐款逐年增加，但國際捐款卻逐年減少。

**一、政府發展援助(Aide Publique au Développement)的效益**。國際上愈來愈以績效考核指標來分析政府開發援助的效益。此一趨勢導致多數出資人傾向經營結果導向管理的模式(results-based management)。然而，這方法雖有助於計畫的貫徹執行——預期的解決方案是否實施？——卻無法優先考量計畫受益人的實際需求。

**二、援助的削弱**。沒有效率的國際合作政策同樣導致投資金額下降。儘管幾十年來受惠於國際捐款，開發中國家的種種困難依然存在，因此導致投資人的遲疑或放棄，進而補助金額也逐漸減少。

自從 1990 年以來，政府間國際組織廣泛提出針對特定目標的各項計畫。例如，世界銀行於 2000 年初提出「對抗貧窮」計畫，其實這個計畫正好契合了聯合國八項千年發展目標的第一項。至於聯合國千年發展目標的第七項，即是遏制人類免疫缺陷病毒(HIV)的蔓延。也因此，「向零邁進」動員活動除了加強對抗愛滋病這個目標，還另外補充了兩個決心：打破歧視與消除愛滋病相關死亡。

事實上，儘管這些全球性的宣傳活動引導著國家內部機構與其他國際機構，各個公共機構本身也制定各自的援助政策。然而，這並不能決定援助資金之後將如何被運用，因為不同國家的機構有不同的募集和分配資金的方式。因此，非洲撒哈拉以南地區的年輕同性戀者可能將無法受惠於聯合國教科文組織的人類免疫病毒／愛滋病預防措施，然而他們卻是計畫設定該特別關注的族群。

以經營結果為導向的管理方向甚至造成更嚴重的影響。在這一方面，獲得借款可以只是因為一個逐漸流行、有力的口號詞彙，如「反對婦女歧視」，「完善的治理」或是「防範母嬰垂直傳播的血清轉換」。此邏輯不僅影響計畫的負責人與共同執行者，也同樣影響了受益人。事實上，經常有受益人取得資金卻因為個人需要而作為其他用途，或甚至只是為了累積私人財富。

儘管有各項篩選管制措施，無效率的援助卻讓投資人喪失信心。這意味著如要重新吸引投資人的興趣就需要改變承諾。然而，聯合國仍致力於實現千年發展目標——儘管其目標極有失敗的可能。聯合國策畫了「千日行動」計畫，以期在剩餘的天數內「行動與確保」八個千年發展計畫的目標。此外，聯合國也計畫在 2015 年之後革新此一計畫，把目標放在世界的不平等現象。

依照相同的策略，不同主題的世界日的增加徹底改變了聯合國機構的運作。重點不再是在特定一日喚起民眾對某一國際重要問題的關注與認識——無論是愛滋病、婦女權益等等，而是創辦一個象徵性事件，以觸及和動員特定的行為者。否則，我們可以質疑聯合國愛滋病聯合規劃署把 12 月 1 日規劃為世界零歧視日的原因，畢竟目前已存在其他以同性戀者與變性者、身心障礙者又或是反對種族主義為主題的世界日。然而，這類的改革並不足以對抗援助者減少投資金額。最近，對抗這一流行病雖然取得重大進展，但整體而言仍舊不足，如果援助金額減少將有重大的影響。事實上，即便捐款最重要的目的是使病患獲得護理照顧，這樣的削減將會直接影響疾病的研究，因為大部分的治療被用在經濟弱勢族群上，將降低製藥業者的獲利。

當然，自 2010 年以來，新發感染案例的增長已趨於穩定。然而，對抗愛滋病的國際援助金額從 2009 年的 87 億美元，下降到 2010 年的 76 億美元；依前言所述，這情勢十分令人擔憂。

## 參考資料

Bourguignon François, Sundberg Mark, « Aid Effectiveness », *The American Economic Review*, 97 (2), 2007, pp. 316-321.

Charnoz Olivier, Severino Jean-Michel, *L'Aide publique au développement*, Paris, La Découverte, 2007. Coll. Repères.

Gabas Jean-Jacques, Sindzingre Alice, « Les Enjeux de l'aide dans un contexte de mondialisation », *Les Cahiers du GEMDEV*, 25, 1997, pp. 37-71.

OMS, « Campagnes mondiales de santé publique de l'OMS : Journée mondiale du sida », http://www.who.int/campaigns/aids-day/2013/event/fr/index.html

ONU, « Lancement de la campagne "Zéro discrimination" à l'occasion de la Journée mondiale de lutte contre le sida, 1er décembre 2013 », http://www.un.org/fr/events/aidsday/2013/zerodiscrimination.shtml.

UNESCO, « Journée mondiale de lutte contre le SIDA : Objectif zéro », http://www.unesco.org/new/fr/unesco/events/

# 海洋——受到威脅的公共財

## 歐洲深海拖網捕魚禁令

**Florian Hévelin**

趙偉婷譯

2014 年 3 月 19 日

2014 年 1 月 30 日，法國 Intermarché 超市集團旗下捕魚船隊 La Scapêche 承諾不在超過 800 尺海洋深度撒網捕魚。同時，海洋生物多樣性保護的協會組織能取得其九艘大型拖網船隻深海捕魚數據。Intermarché 擴大了之前由 Casino 超市、Auchan 超市、甚至家樂福(Carrefour)等大型零售業所發起的私有倡議浪潮。令人不解的是，La Scapêche 在 2013 年 12 月 23 日時，才支持歐洲議會否決 2012 年 7 月所提出一項有關禁止深海拖網捕魚的法案，如今卻做出此保護海洋生物的承諾。然而，雖然在歐盟層面遭受挫敗，環境非政府組織(NGO)仍成功地迫使相關責任者調整行動，以防止海底繼續遭到破壞。對它們而言，提升消費者的環境意識與遊說歐盟機構同等重要。

漁業資源養護在歐盟共同漁業政策(Politique commune de la Pêche, PCP)架構之下運作更突顯其意義。在 1960 年代，對於此議題所制定的首批歐盟法規中並未涵括生態保育的功能。事實上，這些規範比照歐盟共同農業政策(Politique Agricole Commune)，本質上在創造同業組織、建立融資促進現代化生產以及加強國家海域互助發展化。儘管漁業資源枯竭是 1960 年代後人們所關注的議題，共同漁業政策一直未能回應此問題，直至 1983 年才做出些微修正。這些修正訂定各別國家捕魚配額，並強制規定漁網孔隙大小、捕撈魚尺寸以及船舶引擎等技術性規範。

針對禁止深海捕魚以及相關技術的討論已不是新鮮事。在充斥開放市民社會團體的政治背景下，相關辯論已迫使歐盟於 1998 年起禁用流刺網(Filets Maillants Dérivants, FMD)。另外，歐盟也配合國際綠色和平組織(Greenpeace)推行保護海豚的決議。

與此同時，搶先於歐盟立法的私人倡議也開始產生。例如，在禁用流刺網前一年的 1997 年，Unilever 集團向世界自然基金會(World Wide Fund, WWF)提議設立一個良好漁業資源管理的委員會。但由於會影響到「生態標籤」(écolabels)的發放，此提議可能直接與同時也分發標籤的歐盟委員會產生競爭。海洋船隻管理委員會(Marine Stewardship Council, MSC)的生態標籤，如今造成漁業生態認證市場的壟斷，並且癱瘓了歐盟在此領域的倡議。歐盟內部的權力關係狀態，迫使反對深海拖網捕魚的環境 NGO 改變策略，優先關注海洋私治理。

**一、知識社群(communauté épistémique)的存在。**被歐洲議會所認可的綠色 NGO 專家，增強了他們的遊說活動，並使其政治倡議進入議程。

**二、公共政策私有化。**深海拖網捕魚規則的建立，採用一種 NGO 與大型漁業生產者 / 分售者之間非官方合約的形式，以掩飾歐盟政府在此領域的不足。

歐盟委員會中有關環境利益的再次出現與環境專門一般指令（1973 年）的建立，和歐盟法在此領域的發展是同時進行的（1986 年歐盟單一行動）。

對於布魯塞爾當局遊說成本的提高，導致兩種不同類型網絡的組織化。一方面，同盟式的團體匯聚了各類致力於相同主題的國家級環境組織。在對抗深海拖網捕魚的案例，超過 70 個環境組織也同時參與深海保育聯盟(Deep Sea Conservation Coalition)。另一方面，從 1991 年起，Green 10 組織協調了包含世界自然基金會(WWF)、綠色和平(Greenpeace)、地球之友(Friends of Earth)、國際鳥盟協會(Birdlife International)……等前十大重要環境 NGO 對歐盟以及國際的遊說。從那時起，這些環境 NGO 被視為單純的「非政府組織」(Nielson)，某種程度地掩飾了它們在歐洲議會中所扮演的，具有知識社群的功能(Haas)。知識社群有助於理解目前一般公共行動的轉變（包含國際的與跨國性的），特別是環境團體對於公共政策影響的概念，高度適用於分析綠色 NGO 參與有關海洋事務以及捕魚的管道。

在這些組織之中，法國 Bloom 協會的行動說明了，藉由私部門的科學產出得到歐盟委員會認可，並合法地將政治倡議進入議程。事實上，其研究貢獻在於從永續發展的角度，提供深海捕魚的多元化思維。Bloom 研究顯示了：（一）流刺網是不具收益，並且依賴政府補貼的捕魚法（特別在法國的案例中）；（二）漁業部門所使用的方法只關注於極小部分，因為只有 2%在東北大西洋船隊仍維持收益；（三）這種被視為史上破壞力最強的捕魚技術，將造成生態系統的浩劫，再也無法捕捉三種以上的商業魚類（圓吻突吻鱈、黑尾劍魚、藍魣鱈），並造成其他上百種魚類的死亡。

然而，歐盟遊說領域被證明是極度不均衡的。這些 NGO 介入一個由經濟利益團體所支配的領域，包括了生產與專業知識。然而，大部分面對深海底捕魚問題的歐洲議會以及成員國（法國、西班牙、英國、葡萄牙等），是支持捕漁工業化。在體制僵局下，海洋保育 NGO 因此紛紛加強投資在限制供應量以滿足消費倫理的領域，透過本身知識的傳遞過程倡導優良做法。

在此邏輯下，Bloom 舉辦同步錄影轉播的研討會、大幅宣傳 Pénélope Bagieu 維護海洋資源的插畫，更替法國的連鎖超市建立排行，Intermarché 就一直被視為劣等生。迫於強制公開性宣傳揭露策略（揭穿和毀譽：show and shame）的成功，大型連鎖商店必須和 NGO 談判；這些企業象徵性地做出有利於保護海洋生物多樣性的自願性承諾，以挽救它們的聲譽。舉例來說，WWF 在官方網頁上刊登了一篇名為「NGO 歡迎 Intermarché 船隊的承諾」的文章。

這項可確認企業社會責任（顯示和獎勵：show and fame）並再次提高品牌形象的策略，成為非國家行為者行動組成的一部分。但這個目前被認為是暫時性的歐洲海洋治理私有化現象，將可能永遠存在於缺乏規範混亂的國際背景下。換句話說，海洋前所未有的被視為受威脅的公共財。

## 參考資料

Berny Nathalie, « Le lobbying des ONG internationales d'environnement à Bruxelles », *RFSP*, 58 (1), 2008, pp. 97-121.

Haas Peter M., « Introduction: Epistemic Communities and International Policy Coordination », *International Organization*, 46 (1), 1992, pp. 1-35.

*Le Monde*, « Pêche en eau profonde : Intermarché ne pêchera plus au-delà de 800 mètres », 31 janv. 2014.

Lequesne Christian, *L'Europe bleue. A quoi sert une politique communautaire de la pêche ?*, Paris, Sciences Po, 2001.

# 受市場威脅的生物多樣性

## 第65屆國際捕鯨委員會

Valérie Le Brenne

李若珊譯

2014 年 10 月 14 日

2014 年 9 月 11 日至 18 日，每兩年召開一次的第 65 屆國際捕鯨委員會(International Whaling Commission, IWC)會議，在斯洛文尼亞的波斯托羅舉行。將近 90 個國家出席該會議，而議程討論重點尤其圍繞著日本捕鯨的情況：日本政府時常因以科學研究為由實則進行商業捕鯨而遭受譴責。由於澳洲提出控訴，在 2014 年 3 月，位於海牙的國際法院做出裁決，要求日本停止在南極海域的捕鯨計畫。

1946 年 12 月 2 日，各國在華盛頓簽署了《國際捕鯨管制公約》之後，國際捕鯨委員會自此成立，至今則有 89 個會員國，主要目的在於「監督保護鯨類族群的適當數量進而讓捕鯨產業有秩序地發展」。此外，其任務包括制定保護這些海洋哺乳類動物的措施，捕捉數量的限制及科學研究的管理，更要確保各項成果的保存與分享。

在這種情況下，國際捕鯨委員會將捕鯨行為分成三種形式，並各自依照不同的條例管理：（一）商業捕鯨；（二）原住民為生存捕鯨；（三）科學研究捕鯨。然而，第一項因 1986 年通過並宣布的《全球禁止捕鯨公約》後就已被嚴格禁止；第二項則是以鯨肉用於原住民食物供應的前提下延續著。另一方面，科學捕鯨並不受到管制，且保有合法性質。

其實，國際捕鯨委員會成立的原因，即是為了延續自 1939 年起嚴格禁止在南半球進行捕獵活動的正式規定。19 世紀以來，由於捕鯨船以及海上處理工廠的相繼出現，獵捕行為持續增加；此外，第一次世界大戰期間，以鯨魚甘油為成分的炸藥市場蓬勃發展，加速造成某些鯨類，如藍鯨及座頭鯨的瀕臨絕種。

然而，商業捕鯨自 1949 年又死灰復燃。在日本，捕鯨活動成為第二次世界大戰結束後，為了解決糧食嚴重短缺的方式之一。之後，各國不遵守捕鯨的數量限制，國際捕鯨委員會又無法有效制裁違法國家，終於導致鯨類數量再次銳減。1961 年至 1962 年期間，最少有六萬六千頭的鯨魚在南極海域遭到殺害。面對此一令人震驚的情況及環境危機，國際捕鯨委員會的會員國在 1982 年投票決定建立一個監督機制。為逃避管制，進行捕鯨活動的主要國家，包括蘇聯、挪威及日本，皆正式提出反對。

在冰島的支持下，挪威至今仍反對這項法規，且持續進行商業捕鯨。而日本政府則是遵從它於 1986 年做下的決議——核發專門研究許可，利用以科學研究為目的的管制漏洞進行商業捕鯨活動。

**一、以科學正當性作為政治手段。**日本以科學研究為由，在國際間進行大規模的宣傳活動，實際上是為了規避捕鯨領域全球治理的規範。因此，日本同樣地也造成環境領域專家的科學資產和信譽的損害。

**二、設置保護區以維護生物多樣性。**面對保護瀕臨絕種物種的種種困難，劃設廣大的保護區域似乎成為今後達到維持生物多樣性的最有效方法之一。

正是因為國際法院的裁決所帶來的深遠影響，第 65 屆國際捕鯨委員會就 1946 年國際公約的第八條規定，針對科學捕鯨管制進行深入討論。事實上，此條文指出「如果各國家提交提案審查……其會員國擁有決議是否核發許可的最終決定及此權力優先於委員會的其他法規，亦包括依據公約設立的監管機制」。儘管日本認可 1986 年修改的公約內容，但日本卻依據這最早的法條規定，以在南極區域的研究計畫(JARPA)為名核發特別許可。此項計畫從 1987 年即已開始，2005 年在未事先取得國際捕鯨委員會的科學委員的同意下，進入第二階段(JARPA II)。並且，從 1987 年到 2009 年，估計超過一萬頭鯨魚在捕鯨炮擊中被捕獲。然而，日本的鯨類研究所(ICR Whaling)自成立以來，僅提出極少的研究成果，這個觀察更令人擔憂。一項發表於 2006 年的研究指出，日本鯨類研究所 16 年來只發表了四篇研究報告。因此，海地國際法院的裁決，證實了此研究計畫事實上隱藏了商業捕鯨為實質目的的指控。儘管被下令禁止這些捕鯨行動，日本政府今年年底仍宣布提出新的計畫(JARPA III)作為反擊。日本政府再三強調捕鯨的科學研究用途，並利用國際法院的結構性漏洞，以擺脫這依然不完善的法規條例的限制以及缺乏懲處手段的裁決。尤其，它嚴重削弱為環境保護而做的所有科學評鑑的可信度。

這樣的背景下，為了遏止非法商業捕鯨，保護區的劃設成為優先考慮的辦法之一。就目前情況，為捍衛受到嚴重威脅的保育類動物而在關鍵地區建立遼闊的保護空間，應可實質改善其復育率。除了各國的海洋保護地區——依據各國國家主權管理的專屬經濟區（又稱經濟海域），國際捕鯨委員會也在澳洲海域及印度海域負責管制兩個保護區。但由於欠缺監督制度，要管制涵蓋幾百萬平方公里的經濟海域，仍是極度複雜的。去年 1 月，非政府組織「海洋守護者協會」(Sea Shepherd)——為保護海洋生物多樣性為訴求，並在海上組織宣傳行動——大力批判日本捕鯨艦隊在澳洲海洋保護區的侵略。這個非政府組織以激烈的護漁行動聞名，常在捕鯨船正要進行獵捕行動時駛入漁船和鯨魚中間，希望藉此提高日本人民的意識。也因此，近年來鯨肉奢侈食材的消費量逐年減少。根據 ICR Whaling 的報告，2012 年捕獲的 1211 噸鯨肉中就有 908 噸未賣出。如果鯨類保護必須依賴有一個全球規模的治理單位，同樣也必須要把重點放在如何改變輿論的意見，進而改變市場的供需。

# 參考資料

Habermas Jürgen, *La Technique et la science comme idéologie*, [1973], trad., Paris, Gallimard, 1990.

lemonde.fr, Planète, « *Le Japon repart à la chasse à la baleine* », http://www.lemonde.fr/planete/article/2014/09/07/le-japon-repart-a-la-chasse-a-la-baleine-dans-le-pacifique_4483326_3244.html

Marguénaud Jean-Pierre, Dubos Olivier, « La protection internationale et européenne des animaux », *Pouvoirs*, 131 (4), 2009, pp. 113-126.

Raffin Jean-Pierre, « De la protection de la nature à la gouvernance de la biodiversité », *Écologie & politique*, 30 (1), 2005, pp. 97-109.

國際捕鯨委員會(IWC)官網：http://iwc.int/home

# 封閉隔離一個公共衛生危機

## 伊波拉病毒在西非蔓延

Clément Paule

李若珊譯

2014 年 11 月 17 日

2014 年 10 月 6 日，首例非洲境外的伊波拉病毒感染案例得到證實：一名在馬德里的西班牙籍護理人員，在照護一位因感染而遣返回國的傳教士期間也遭受感染。值得注意的是，僅僅幾天之前，在美國達拉斯診斷出另一起病例，是一名來自蒙羅維亞的賴比瑞亞人。伊波拉病毒至今仍肆虐於三個國家——幾內亞（科納克里）、賴比瑞亞與獅子山共和國，因此成為可能傳播至全世界的直接威脅。更有甚者，不論是在西班牙或是德州，篩檢系統與治療程序都出現許多缺失。此外，國際媒體也提到由伊波拉引起的大量出血及高死亡率，造成民眾的精神恐慌。2014 年 11 月 2 日，世界衛生組織(WHO)公布一項統計數據，在 13,567 例主要位於西非的病例中，計有 4,951 人死亡。於是，伊波拉危機管理問題，成為一項重大的政治議題，影響所及甚至包含其他並未直接受到此災害威脅的國家。

1976 年，在前薩伊共和國與蘇丹，因兩場同時發生的突發流行疫情而發現伊波拉病毒（在前薩伊共和國 318 個登記案例中有 280 名病患死亡）。伊波拉病毒屬於絲狀病毒科，並可分為五個不同的亞種，而引起此次 2014 年流行疫情的則是屬於薩伊伊波拉病毒。儘管自然宿主極有可能為食果蝙蝠，然而這個人畜共通傳染病的傳播方式仍未完全解開，近二十幾年來發生多次大規模的感染事件。在加彭、剛果共和國、南非以及烏干達，計有二十幾起突發危機，造成數百人感染。伊波拉病毒潛伏期為兩天至三星期，一般症狀包括急性出血、發燒且導致流血不止，造成免疫力下降，最終導致多重器官衰竭而死亡。在沒有標準治療方法與疫苗的情況下，必須特別注意降低感染的風險，避免和感染病患體液和器官組織的直接接觸器官。

根據流行病學研究，目前在西非肆虐的這此公衛危機始於 2013 年 12 月：原發病例應是一名兩歲孩童，死於幾內亞（科納克里）東南部的一個村莊，鄰近賴比瑞亞及獅子山的邊界。然而，直到 2014 年 3 月才被檢測出為伊波拉病毒，此時疫情已傳播至賴比瑞亞境內。4 月底短暫的平靜後，疫情在 5 月爆發開來，並向著獅子山、奈及利亞及塞內加爾蔓延擴大。2014 年 8 月 8 日，世界衛生組織(WHO)宣布此次疫情為「影響全球的公共衛生緊急事件」，呼籲各國發起大規模動員，以面對感染人數攀升與地方政府的無能為力。

**一、危機的突然曝光。**西非疫情惡化的警告訊息已經數次傳出卻不受到重視，然而，幾起境外感染的案例卻引起媒體的過度報導，導致部分領導者匆忙提出應變措施，但實際上並不適用。

**二、操作「道德恐慌」的風險。**道德恐慌是社會學家史丹利・柯恩(Stanley Cohen)所提出的概念，意旨一個條件、一起事件、一個人或一個團體，被視為對社會價值與利益構成威脅。因此，這概念可幫助我們了解面對一個威脅，如流行病，所做出的不成比例、甚至歧視的各種反應。

相較於之前的伊波拉疫情只侷限在非洲中部國家相對偏僻的森林地區，此次在非洲西部爆發的伊波拉疫情除了是在都市地區外，還應指出的是世界衛生組織遲鈍的反應，並低估了疫情的嚴重性。然而，無國界醫生組織(Médecins Sans Frontières)不斷發出警告，西非國家原本就脆弱不堪的衛生系統崩毀是可預見的，尤其是經歷多年殘酷內戰的賴比瑞亞與獅子山。此外，除了醫療專業人員的缺乏——依據 2014 年初的資料，賴比瑞亞共五十幾位醫生服務 430 萬名居民，加上院內感染的情況嚴重，遭受疫情肆虐的國家政府還須面對人民的懷疑與不信任。在幾內亞，衛生從業人員曾多次指出，當醫療團隊到來時，人民的反應卻是逃跑，認為他們是來散播病毒：2014 年 9 月，八名防疫人員在幾內亞東南部進行宣導活動，卻因被認為是傳播病毒而慘遭殺害。此外，賴比瑞亞與獅子山政府的緊急應變措施：軍事化宵禁及社區全面隔離檢疫、強制火化屍體、關閉邊境，反而在貧民區引起暴亂。位於蒙羅維亞的一家醫療中心，在 8 月時遭到武裝抗議者的攻擊，他們拒絕中心留置伊波拉患者，因此導致病患四處竄逃，有感染風險的醫療器材遭竊。此種拒絕、排斥的態度來自近代歷史，因為激烈衝突造成社會分化，中央政權也因此失去威信。中央政府因此更加難以和人民理性溝通，告知疫情的風險，並說明管制人民移動的必要性。

很顯然地，伊波拉的必要防疫措施難以讓一般人民接受，更容易造成反效果，其經濟影響可能高達數億美元。除了財政失衡（公共衛生支出的暴增及稅收的減少）與生產力降低是可以預期的，根據世界銀行的研究指出來自間接因素的影響將更嚴重，尤其是「恐懼」因素(fear factor)，也就是對傳染病蔓延的恐懼所造成的社會動盪。舉例而言，這些措施包括交通運輸中斷、工作場所關閉、採礦業停擺（儘管這是該地區經濟成長的主要動力），與農業領域（糧食安全將再度長期蒙上陰影），這些都將導致物資短缺與價格上漲。這些動盪情況因為許多航空公司決定暫停飛機過境受感染的國家而不斷加重（如布魯塞爾航空公司、阿瑞克航空與英國航空），且它們無視聯合國復航要求，使得救援行動更為複雜。因此，關閉邊境是否能有效防疫也值得提出討論，尤其這些國家邊境地理情勢複雜，國家政府下令關閉邊境反而可能促成非法網絡，更不利管理。

儘管以急迫、警急為訴求，伊波拉疫情卻是在爆發一段時間後才被排入公共衛生危機處理的國際議程表，而且以恐懼主導防治的措施和口號宣傳。尤其幾部災難電影即是從伊波拉病毒得到靈感，如《危機總動員》(*Outbreak*, 1995)、

《28 天毀滅倒數》(*28 Days later*, 2002)，當然也包含文學作品，如理查德・普萊斯頓(Richard Preston)於 1994 年出版的暢銷書《伊波拉浩劫》(*The Hot Zone*)。也因此，這次在西非爆發的疫情可在各個不同的社會中想像中獲得共鳴，卻可能導致不利了解此疾病的致病機制與傳染途徑。除了可被預期的陰謀論之外，政治人物操弄「道德恐慌」，藉此支持自己的歧視政策，將更不利於防疫的推展。伊波拉危機因此成為美國期中選舉的關鍵議題，在達拉斯事件過後，多位共和黨參選人向歐巴馬政府要求強制關閉邊境，並執行檢疫措施。此外，儘管在境內都未發現感染案例，澳洲與加拿大政府接連做出決策，於 10 月底起，暫停對感染國家的人民發放入境簽證。而這項孤立他國的措施，遭到同為大英國協會員國的獅子山譴責。實際上，汙名化、歧視他國的措施，讓我們忽略了對抗這場全球性災難的主要戰場仍在西非國家，光把西非封閉起來對疫情的控制沒有助益，甚至適得其反。面對此次病毒危機，決策人士應該了解到，在物品、人員全球大幅流通的時代，封閉隔離一項災害是不可能達成的。

# 參考資料

Cohen Stanley, *Folk Devils and Moral Panics: The Creation of the Mods and Rockers*, MacGibbon & Kee, Londres, 1972.

World Bank, *The Economic Impact of the 2014 Ebola Epidemic: Short and Medium Term Estimates for West Africa*, Washington D.C., World Bank Group, 7 oct. 2014, consulté sur le site de la Banque mondiale : http://www.worldbank.org [22 octobre 2014].

聯合國伊波拉緊急回應特派團(*United Nations Mission for Ebola Emergency Response*)官網：
http://www.un.org/ebolaresponse/mission.shtml [20 octobre 2014].

國家圖書館出版品預行編目（CIP）資料

跨國主義分析全球局勢：法國觀點 2014 / Robin Baraud等作 ;
約瑟珐・拉羅許(Josepha Laroche)主編 ; 跨國主義研究中心中文部譯.
-- 初版. -- 新北市 : 華藝學術出版 : 華藝數位發行, 2015. 06
面 ; 公分. -- (Chaos International Series)
譯自：Analyse transnationaliste de la scène mondiale: Regards français sur 2014
ISBN 978-986-437-032-0 （平裝）
1. 國際政治 2. 國際關係 3. 時事評論 4. 文集
578.07 104012135

**Chaos International Series**

# 跨國主義分析全球局勢：法國觀點 2014

Analyse transnationaliste de la scène mondiale: Regards français sur 2014

主　　編／ Josepha Laroche（約瑟珐・拉羅許）
作　　者／ Robin Baraud, Florent Bédécarrats, Alexandre Bohas, Adrien Cherqui, Michaël Cousin, Florian Hévelin, Philippe Hugon, Elie Landrieu, Josepha Laroche, Valérie Le Brenne, Thomas Lindemann, Clément Paule, Yves Poirmeur, Jean-Jacques Roche, 邱崇軒, 趙偉婷
譯　　者／ 跨國主義研究中心中文部
責任編輯／ 謝佳珊、古曉凌
美術編輯／ 斐類

發 行 人／ 鄭學淵
經　　理／ 范雅竹
發行業務／ 陳水福
法律顧問／ 立暘法律事務所　歐宇倫律師
出　　版／ Airiti Press Inc.（華藝學術出版社）
地址：234 新北市永和區成功路一段 80 號 18 樓
電話：(02)2926-6006　傳真：(02)2923-5151
服務信箱：press@airiti.com
發　　行／ 華藝數位股份有限公司
郵局／銀行戶名：華藝數位股份有限公司
郵政劃撥帳號：50027465
銀行匯款帳號：045039022102（國泰世華銀行　中和分行）
I S B N／ 978-986-437-032-0
出版日期／ 2015 年 6 月初版
定　　價／ 新台幣 250 元